Jürgen Wächter

Pontes longi – Die Schlacht an den Langen Brücken 15 n. Chr.

AF307148

Jürgen Wächter

PONTES LONGI –
DIE SCHLACHT AN DEN LANGEN
BRÜCKEN 15. N. CHR.

Impressum

Bibliografische Information der Deutschen Nationalbibliothek:
Die Deutsche Nationalbibliothek verzeichnet diese Publikation in der Deutschen
Nationalbibliografie; detaillierte bibliografische Daten sind im Internet über
http://dnb.dnb.de abrufbar.

© 2025 Jürgen Wächter

Verlag: BoD · Books on Demand GmbH, Überseering 33, 22297 Hamburg,
bod@bod.de
Druck: Libri Plureos GmbH, Friedensallee 273, 22763 Hamburg

ISBN: 978-3-8192-2962-6

FSC
www.fsc.org

MIX
Papier aus verantwortungsvollen Quellen
Paper from responsible sources
FSC® C105338

Inhaltsverzeichnis

1. Einleitung

Versuche zur Lokalisierung der Varusschlacht hat es in den letzten 400 Jahre in sehr großer Zahl gegeben. Es gibt wohl kaum ein Gebiet Nordwestdeutschlands, das nicht als Schlachtort genannt worden wäre. Wesentlich seltener befassten sich Historiker, Archäologen und Heimatforscher mit dem möglichen Ort der Schlacht an den Pontes longi, den Langen Brücken. Immerhin wäre es den Germanen unter Arminius hier im Jahre 15 n. Chr. fast gelungen, erneut eine römische Armee in Norddeutschland zu besiegen.

Für die wenigen Autoren, die sich mit der Schlacht an den Langen Brücken doch beschäftigten, war eine Verortung schwierig, denn diese musste in enger Verbindung zum Ort der Varusschlacht stehen, da es sich um einen germanischen Angriff auf vier von dort abziehende Legionen unter General Caecina handelte. Da der Ort der Varusschlacht nicht bekannt war, gingen auch die Deutungen zu den Langen Brücken weit auseinander. Dennoch war man zuversichtlich und Otto Dahm meinte 1902, dass die Frage der Örtlichkeit „ohne Zweifel in absehbarer Zeit beantwortet" werde, „wenn die römisch-germanischen Forschungen im nordwestlichen Deutschland in gleicher Weise fortgesetzt werden, wie sie neuerdings an der Lippe in Angriff genommen sind."[1]

Doch auch nach über einem Jahrhundert tappt die Forschung im Dunkeln. Mittlerweile ist mit Kalkriese jedoch aller Wahrscheinlichkeit nach der Schauplatz der Varuskatastrophe entdeckt und dies macht es einfacher, einen neuen Blick auf die Pontes longi zu werfen. Dies soll hier im Folgenden versucht werden.

Nach einer Schilderung der Römerfeldzüge des Jahres 15 unter Zugrundelegung des Berichtes des Tacitus in Kapitel 2 sind, um einer Lokalisierung der Langen Brücken näher zu kommen, mehrere Aspekte wichtig. Nämlich erstens die Frage, wie sicher wir uns mit Kalkriese als Ort der Varusschlacht sein können. Hierzu werden im Folgenden die relevanten Aspekte knapp wiedergegeben (Kapitel 3).

---

[1] DAHM 1902: 66.

Als zweiten Aspekt werden wir betrachten, ob Kalkriese mit dem bei Tacitus genannten „saltus teutoburgiensis" als Ort der Varusniederlage vereinbar ist und um was es sich dabei handeln könnte. Hierzu wird in Kapitel 4 ein Vorschlag gemacht.

Hält Kalkriese der Untersuchung stand, ist in den Kapiteln 5 und 6 die Klärung der Frage notwendig, wo sich im Jahre 15 die Truppen des Germanicus und des Caecina voneinander trennten, um ihre Wege zurück zum Rhein fortzusetzen. Geschah dies an einem Schiffanleger an der Ems oder bereits in der Nähe von Kalkriese? Hierzu werden die bisher vorgetragenen Argumente ausgewertet und modern überprüft. Und es findet eine Diskussion zu den von der Forschung gemachten Vorschlägen zur Örtlichkeit der Schlacht an den Langen Brücken statt.

Ausgehend vom Ort der Varusschlacht und dem Ort der Trennung der Heere lässt sich erstmals eine vorsichtige Eingrenzung der Region vornehmen, die für die Pontes longi in Frage kommt. In Kapitel 7 erfolgt eine geographisch-naturkundliche Beschreibung dieser Region und ein Abgleich mit den Angaben bei Tacitus. Daraus lassen sich Vorschläge für zukünftige archäologische Forschungen ableiten.

2. Der Bericht von Tacitus

Werfen wir zuerst einen Blick auf die überlieferten historischen Geschehnisse. Nachdem im Jahre 9 n. Chr. drei römische Legionen unter dem Feldherrn Varus von einer Koalition germanischer Stämme unter Arminius nahezu vollständig vernichtet worden waren, überfielen die Germanen auch sämtliche römischen Stützpunkte östlich des Rheins. Lediglich das Kastel Aliso, zu dem auch einige Überlebende der Varusschlacht geflohen waren, hielt den Angriffen stand. Im Winter 9/10 machten die dortigen Römer dann einen Ausfall und brachten sich zum Rhein in Sicherheit. Seitdem waren keinerlei römische Verbände oder sonstige römische Einrichtungen mehr östlich des Rheins vorhanden. Germanien war wieder frei.

Die Römer in der Provinz Niedergermanien brauchten einige Zeit, um sich vor germanischen Angriffen über den Rhein hinweg sicher zu fühlen. Solche erfolgten jedoch nicht. Es brauchte einige Mühe, um durch Aushebungen neue Legionen aufzustellen und die Kastelle am Rhein zu befestigen. Aktionen des römischen Militärs erfolgten erst wieder, als im Jahr 13 n. Chr. Germanicus (Nero Claudius Germanicus, 15 v. Chr. – 19 n. Chr.), Großneffe von Kaiser Augustus, das Oberkommando über die Rheinlegionen übernahm. Um eine Meuterei der Soldaten nach dem Tod von Augustus niederzuschlagen bzw. vorzubeugen, zog er mit ihnen 14 n. Chr., vermutlich vom Kastell Vetera (beim heutigen Xanten) ausgehend, über den Rhein in das Gebiet der Marser, die wahrscheinlich im Gebiet zwischen der Lippe und der Ruhr wohnten. Die Marser hatten sich an den Kämpfen gegen Varus beteiligt und sollten bestraft werden, indem ihr Land und ihre Siedlungen verwüstet und jeder vorgefundene Germane erschlagen wurde. Die Marser waren die ersten, die diese Erfahrung machen sollten. Sie wohnten in geringer Nähe zum Rhein und konnten relativ gefahrlos und ohne lange Anmarschwege überfallen werden.

Im Frühjahr 15 n. Chr. drang Germanicus dann in gleicher Weise von Mainz aus mit acht Legionen in das Gebiet der Chatten ein. Auch hier wurde gemordet, geplündert und zerstört, was möglich war. Mattium, der Hauptort der Chatten, wurde erobert und zerstört. General Caecina besiegte ein Aufgebot der Marser, die den Chatten zu Hilfe kommen wollten. Prorömische Kräfte der Germanen unter Segestes arbeiteten mit Germanicus zusammen, der dadurch die schwangere Frau des Arminius, Thusnelda, in seine Hände bekam.

Der Feldzug gegen die Chatten kann nicht lange gedauert haben, denn Germanicus belies es in diesem Jahr nicht damit, sondern startete im Sommer 15 n. Chr. einen weiteren Feldzug, nun gegen die Brukterer. Lassen wir nun Tacitus sprechen, der diese militärische Aktion sehr detailliert beschrieben hat:

„Und damit nicht die ganze Wucht des Krieges auf einmal hereinbreche, schickte er Caecina mit vierzig Kohorten, um den Feind zu zersplittern, durch das Gebiet der Bructerer an den Fluß Amisia, während die Reiterei der Befehlshaber Pedo durch das Gebiet der Friesen führte. Er selbst fuhr mit vier Legionen, die er auf Schiffe verladen hatte, über die Seen, Fußvolk, Reiterei und Flotte trafen gleichzeitig an dem vorbestimmten Fluß ein. Da die Chauken Hilfstruppen zu stellen versprachen, wurden sie in die Heeresgemeinschaft aufgenommen. Die Bructerer, die selbst ihr Hab und

Gut verbrannten, schlug L. Stertinius, den Germanicus mit einer leichten Heeresabteilung abgesandt hatte. Während des Mordens und Plünderns fand er den Adler der neunzehnten Legion, der unter Varus verlorengegangen war. Dann führte er sein Heer weiter bis zu der äußersten Grenze der Bructerer, und das ganze Gebiet zwischen den Flüssen Amisia und Lupia, nicht weit entfernt von dem Teutoburger Wald, in dem, wie es hieß, die Überreste des Varus und seiner Legionen unbegraben lagen, wurde verwüstet."[2]

Germanicus zieht danach zum Schlachtfeld des Jahres 9 und bestattet die Überreste der Legionen des Varus. Dies wird von Tacitus näher beschrieben, womit wir uns später befassen wollen.

Recht knapp und ohne Zusammenhänge schildert uns Tacitus dann ein Gefecht zwischen Germanicus und Arminius an einem nicht bekannten Ort.[3] Ohne darauf einzugehen, wo sich die Germanen während des Aufenthaltes auf dem Varusschlachtfeld befanden, schreibt er: „Aber Germanicus folgte dem Arminius, der sich in unwegsame Gegenden zurückzog, und befahl der Reiterei, sobald sich Gelegenheit dazu bot, vorzustürmen und dem Feind ein freies Feld, das er besetzt hatte, zu entreißen. Arminius forderte seine Leute auf, sich zusammenzuscharen und an das Waldgelände heranzurücken. Dann machte er plötzlich kehrt und gab den Abteilungen, die er überall in dem Waldgebiet versteckt hatte, das Zeichen zum Hervorbrechen. Jetzt wurde durch die neue Kampffront unsere Reiterei in Verwirrung gebracht, und die herbeigeschickten Reservekohorten, auf die der Strom der Fliehenden prallte, vermehrten noch die Bestürzung. Sie wären in das Sumpfgelände, in dem sich die Siegenden auskannten, während es für die Unkundigen gefährlich war, gedrängt worden, hätte nicht der Caesar die Legionen vorgeführt und zum Kampf aufgestellt. Dies erschreckte den Feind und ermutigte die eigene Truppe. Doch ohne, daß es zu einer Entscheidung kam, trennte man sich.

Dann führte er das Heer an die Amisia zurück und brachte die Legionen zu Schiff, wie er sie hergeführt hatte, wieder zurück. Einen Teil der Reiterei befahl er, entlang der Küste zum Rhein zu marschieren. Caecina, der eine

---

[2] TACITUS 1964: 60-61.
[3] DAHM (1902: 65) vermutete es bei Vörden.

eigene Heeresabteilung führte, erhielt die Weisung, obgleich die Wege, auf denen er den Rückmarsch antreten wollte, bekannt waren, so rasch wie möglich die Langen Brücken hinter sich zu bringen. Dies ist ein schmaler Fußpfad durch ausgedehntes Sumpfgelände, der einst von L. Domitius als Damm aufgeführt worden war. Das übrige Gelände ist morastig, man bleibt dort im schweren Lehmboden hängen, oder Bachläufe machen es nur schwer begehbar. Ringsum stieg das Waldgelände langsam an, das Arminius jetzt dicht besetzte, nachdem er in Eilmärschen auf abgekürzten Wegen dem mit seinem Gepäck und mit Waffen belasteten römischen Heer zuvorgekommen war. Caecina, der unschlüssig war, wie er die im Laufe langer Zeit zusammengebrochenen Bohlenwege wiederherstellen und zugleich den Feind abwehren solle, beschloss an Ort und Stelle ein Lager abzustecken, damit der eine Teil mit der Befestigungsanlage beginnen, der andere dem Kampf aufnehmen könne.

(64) Die Barbaren versuchten, die Postenkette zu durchbrechen und sich auf die Arbeitskommandos zu stürzen; sie forderten sie heraus, umzingelten sie und stürmten auf sie los. Durcheinander ertönte das Geschrei der Arbeitskommandos und der kämpfenden Truppe. Und überall stellten sich die Schwierigkeiten den Römern in den Weg: das grundlose Sumpfgelände, auf dem man nicht fest auftreten konnte und beim Vorwärtsgehen ausglitt, das Gewicht der Panzer, das auf dem Körper lastete, die Unmöglichkeit, im Wasser stehend die Wurfspeere zu schwingen. Dagegen waren die Cherusker an den Kampf im Sumpfgelände gewöhnt, waren hochgewachsen, führten gewaltige Lanzen, mit denen sie auch auf größere Entfernung ihre Gegner verwunden konnten. Erst die Nacht enthob die schon weichenden Legionen dem unter ungünstigen Bedingungen geführten Kampfe.

Die Germanen kannten angesichts ihrer Erfolge keine Müdigkeit. Sie gönnten sich auch jetzt keine Ruhe und leiteten alle Wasserläufe, die von den Anhöhen ringsum herunterkamen, in das tieferliegende Gelände ab. Dieses wurde überschwemmt und die schon fertiggestellten Befestigungsabschnitte verschüttet, wodurch die Mannschaften doppelte Arbeit zu leisten hatten. Es war das vierzigste Dienstjahr, in dem Caecina als Untergebener oder Vorgesetzter stand. Er hatte Erfahrung im Glück und Unglück gesammelt und ließ sich daher nicht in Schrecken versetzen. Und so fand er bei der Erwägung, welche weiteren Maßnahmen zu treffen seien, keinen anderen Ausweg, als den Feind aus dem Walde so lange nicht herauszulassen, bis die Verwundeten und der ganze schwere Tross einen Vorsprung gewonnen hätten. Denn in der Mitte zwischen den Bergen und den Sümpfen zog sich eine Ebene hin, die eine Aufstellung in schmaler Front ermöglichte. Von den Legionen wählte er die fünfte für die rechte, die einundzwanzigste für die linke Flanke, die erste für die Spitze der Marschkolonne, die zwanzigste als rückwärtige Deckung gegen eine etwaige Verfolgung aus.

(65) In der Nacht kam es aus verschiedenen Ursachen zu keiner Ruhe: die Talmulden und die widerhallenden Bergwälder waren erfüllt von dem fröhlichen Gesang oder dem wilden Lärmen der Barbaren, die festliche Gelage feierten; bei den Römern glimmten nur schwache Lagerfeuer, hörte man nur abgebrochene Laute, während sie selbst zerstreut an dem Wall herumlagen, in den Zelten umherirrten, mehr weil sie nicht schlafen konnten, als weil sie wachen wollten. Den Heerführer erschreckte ein grässliches nächtliches Traumbild: er glaubte, den blutbespritzten Quintilius Varus aus dem Sumpfgelände emportauchen zu sehen und ihn gleichsam rufen zu hören, ohne ihm jedoch Folge zu leisten; vielmehr stieß er die ausgestreckte Hand zurück. Bei Tagesanbruch verließen die zum Flankenschutz abgesandten Legionen aus Furcht und Widersetzlichkeit ihre Stellung und besetzten eilig das freie Feld jenseits des Sumpfgeländes. Aber Arminius brach nicht sofort hervor, obgleich seinem Angriff nichts im Wege gestanden hätte. Als aber der Tross im Schlamm und in den Gräben steckenblieb, überall bei den Soldaten Verwirrung um sich griff, die einzelnen Abteilungen nicht mehr geschlossen blieben und, wie es in einer solchen Lage zu gehen pflegt, jeder nur darauf bedacht war, rasch davonzukommen, und sich taub gegen Befehle stellte, da gab Arminius den Germanen den Befehl zum Angriff mit dem Ruf: Seht da! Varus und die wiederum dem gleichen Verhängnis verfallenen Legionen! Mit diesen Worten durchbrach er mit einer auserlesenen Truppe die Marschkolonne, wobei er hauptsächlich den Pferden Wunden beibrachte. Diese glitten in ihrem eigenen Blute und auf dem schlüpfrigen Sumpfboden aus, warfen die Reiter ab, trieben die Leute vor ihnen auseinander und zerstampften die am Boden liegenden. Der Kampf tobte hauptsächlich um die Adler, die weder gegen den Geschosshagel vorwärtsgetragen noch in dem schlammigen Boden festgemacht werden konnten. Während Caecina versuchte, den Kampf zum Stehen zu bringen, wurde sein Pferd unter ihm durchstochen.

Er stürzte herab und wäre umzingelt worden, wenn nicht die erste Legion sich dem Feind entgegengeworfen hätte. Dabei kam die Habgier der Feinde zustatten, die von dem Morden abließen und sich auf das Beutemachen verlegten. So konnten sich die Legionen, als es Abend wurde, in offenes Gelände und auf festen Boden herausarbeiten. Doch damit war die Not noch nicht zu Ende: es mußte ein Wall errichtet und Dammerde herbeigeschafft werden. Die Geräte für das Ausheben der Erde oder Ausstechen des Rasens waren größtenteils verlorengegangen, die Manipel hatten keine Zeit, für die Verwundeten gab es keine Verbandstoffe, die Nahrungsmittel, die man verteilte waren durch Schmutz und Blut verunreinigt, und die Soldaten jammerten über die Grabesnacht und daß so viele tausend Menschen nur noch einen einzigen Tag zu leben hätten.

(66) Zufällig riß sich ein Pferd von seinen Fesseln los, rannte, durch das Geschrei scheu geworden, umher und warf einige Leute um, die ihm in den Weg kamen. Man glaubte an einen Überfall der Germanen, und so kam es zu einer solchen Panik, daß alles zu den Toren stürzte und zwar hauptsächlich zu dem rückwärts gelegenen Tor, das, vom Feinde abgelegen, den Fliehenden größere Sicherheit bot. Als Caecina feststellte, daß kein Grund zur Angst vorliege, er selbst jedoch weder durch sein Ansehen noch durch Bitten, ja nicht einmal durch tätliches Eingreifen dagegen etwas ausrichten oder die Mannschaften zurückhalten konnte, warf er sich auf die Schwelle des Tores. Erst indem er Mitleid erweckte, sperrte er den Weg, da man über den Körper des Legaten hätte gehen müssen. Zugleich klärten die Tribunen und Centurionen die Leute darüber auf, daß es blinder Alarm sei.

(67) Dann ließ er sie alle auf dem Hauptplatz antreten, forderte sie auf, seine Worte still anzuhören, und legte ihnen dar, was in der augenblicklichen Lage unbedingt erforderlich sei. Allein von den Waffen hätten sie Rettung zu erhoffen, jedoch müßten sie diese mit vorsichtiger Überlegung gebrauchen. Man solle innerhalb des Walles bleiben, bis die Feinde in der Hoffnung, ihn zu erstürmen, näher heranrückten. Dann müsse man auf allen Seiten einen Ausfall machen, wodurch man sich bis zum Rhein durchschlagen könne. Wenn sie fliehen, harren ihrer noch mehr Wälder, noch grundlosere Sümpfe und die Grausamkeit der Feinde. Aber wenn sie siegen, werden ihnen Ehre und Ruhm zuteil. Auch auf ihre Lieben in der Heimat und auf ihre Soldatenehre wies er sie hin. Von der schwierigen Lage schwieg er. Dann übergab er die Pferde, zuerst seine eigenen, dann die der

Legaten und Tribunen ohne Ansehen der Person den tapfersten Kämpfern, damit zuerst diese zu Pferd und nach ihnen die Mannschaften zu Fuß auf den Feind losstürmten.

(68) Nicht geringere Unruhe herrschte bei den Germanen. Zuversicht und Kampflust erfüllten sie, während ihre Führer uneins waren. Arminius riet, die Feinde abziehen zu lassen und sie dann wieder in dem sumpfigen, unwegsamen Gelände zu umzingeln, während Inguiomerus für ein energisches Vorgehen, das bei den Barbaren freudigen Anklang fand, eintrat und den Wall umzingeln und erstürmen wollte. Dies werde keine Mühe machen. Die Zahl der Gefangenen werde größer und die Beute unbeschädigt sein. Deshalb schütteten sie bei Tagesanbruch die Gräben zu, warfen Flechtwerk hinein und kletterten auf die Wallhöhe, auf der sich nur vereinzelte Leute zeigten, die vor Angst wie gelähmt waren. Als sie nun an den Befestigungen hingen, wurde den Kohorten unter dem Schmettern der Hörner und Trompeten das Zeichen zum Angriff gegeben. Mit Geschrei stürmten sie los und fassten die Germanen im Rücken, ihnen höhnisch zurufend: Hier gibt es nicht Wälder noch Sümpfe; beiden Parteien bietet das Gelände, bieten die Götter die gleichen Möglichkeiten, sich zu bewähren! Der Feind, der dachte, die Vernichtung der Römer werde keine Mühe machen, auch handle es sich nur um wenige halbbewaffnete Leute, wurde von dem Schmettern der Trompeten, dem Blitzen der Waffen, je weniger sie darauf gefaßt waren, um so stärker betroffen. Und wie sie in günstiger Lage kampfbegierig losstürmten, so fielen sie jetzt in ungünstiger ohne alle Vorsicht. Arminius verließ unversehrt, Inguiomerus schwer verwundet das Kampffeld. Das Blutbad unter den Mannschaften hielt an, bis die Wut gestillt und der Tag zu Ende war. Erst bei Nacht kehrten die Legionen zurück. Zwar hatten sie noch mehr Verwundete als zuvor und litten unter dem gleichen Mangel an Lebensmitteln, doch der errungene Sieg ersetzte ihnen alles: Kraft, Gesundheit, Vorräte."[4]

An dieser Stelle bricht der Bericht über Caecina ab und Tacitus beschreibt die am Rhein herrschende Angst, die Germanen würden zum Angriff auf Gallien heranziehen. Dann geht er auf den Abmarsch der zweiten und vierzehnten Legion von der Ems unter P. Vitellius ein. Tacitus schreibt später

---

[4] TACITUS 1964: 63-67.

lediglich noch, dass Caecina wegen seiner „Taten unter Germanicus" die Triumpfinsignien zuerkannt wurden.[5]

3. Kalkriese als Ausgangspunkt

Soweit der uns über die Geschehnisse überkommene Bericht des Tacitus. Da der Ort der Varusschlacht unbekannt war, war eine Verortung der Schlacht an den Langen Brücken nahezu unmöglich. Doch hat sich dies mit den Funden in Kalkriese geändert. Wir haben allen Grund davon auszugehen, dass wir es dort aller Wahrscheinlichkeit nach mit zumindest einem Teil des Geländes der Varusschlacht zu tun haben.

- Schon Ende des 19. Jahrhunderts war Kalkriese der Ort, an dem man die meisten römischen Münzen augusteischer und voraugusteischer Prägung in ganz Nordwestdeutschland entdeckt hat. Theodor Mommsen hat dies 1888 eingehend beschrieben.[6] Bis heute sind in Kalkriese etwa 1.800 römische Münzen gefunden.[7] Selbst bei der Anwesenheit mehrere Legionen werden derartige Stückzahlen nicht einfach so verloren. In keinem der auch länger belegten Kastelle sind solche Mengen in den Boden gelangt. Dies deutet darauf hin, dass wir es hier nicht einfach mit einem Aufenthaltsort oder einem der vielen Schlachtgeschehen zu tun haben. Denn nach siegreicher Schlacht bargen die Römer ihre Verwundeten, verbrannten ihre Toten und nahmen Waffen und Ausrüstungsteile zur weiteren Verwendung mit. Da wird man auf keinen Fall die in Gürteln oder Ledersäckchen am Körper getragenen Barschaften auf freiem Feld liegengelassen haben. Nein, hier wurde eine große Zahl an Legionären getötet, die dann nicht sofort nach der Schlacht bestattet wurden. Die Münzen zeigen nur das Wenige an, was plündernde siegreiche Germanen nicht gefunden haben.

- Der Fundbestand der Gold- und Silbermünzen von Kalkriese ist ähnlich dem von Haltern mit dem Gaius-Lucius-Denar als Schlussmünze; die ab

---

[5] TACITUS 1964: 70.
[6] MOMMSEN 1888.
[7] BURMEISTER 2015: 17.

dem Jahr 13 geprägten Typen fehlen.[8] Kupfermünzen tragen u. a. die Gegenstempel von Varus, die nur in den Jahren 6 bis 9 eingeschlagen worden sein können; ab dem Jahr 9 ausgegebene Kupfermünzen fehlen.[9]

- Neben den Münzen sind auch die Mengen an metallenen Ausrüstungsteilen überaus hoch. Bei einer siegreichen Schlacht wären sie von den Römern mitgenommen worden.

- Auf dem Oberesch in Kalkriese wurden acht Gruben mit Knochen gefunden. Darin herrscht ein Durcheinander von Resten von Menschen, Pferden und Maultieren. Bei den Menschenknochen handelt es sich um solche von 20 bis 40jährigen Männern mit tödlichen Verletzungsspuren[10], u. a. Schädel mit „tödlichen Hiebverletzungen"[11]. Die Knochen zeigen, dass sie vor dem Beerdigen mehrere Jahre ungeschützt an der Oberfläche gelegen haben. Es muss sich also um einen Schlachtort einer Niederlage handeln, der mehrere Jahre später erneut von den Verlierern aufgesucht wurde. Es war dann kaum mehr feststellbar, ob ein Knochen von Mensch oder Tier stammte, da Füchse, Wölfe und andere Tiere bei ihrem Festessen wohl alles auseinandergezogen hatten und die Verwesung dann ihr übriges getan hatte. Das passt nur zur Varusschlacht und dem späteren Besuch durch Germanicus.

- In einem Forschungsprojekt des Deutschen Bergbau-Museums in Bochum und des Leibniz-Forschungsmuseum für Georessourcen wurde bei 500 Proben massenspektrometrisch die charakteristische Zusammensetzung der chemischen Spurenelemente in den römischen Buntmetallen aus Kalkriese untersucht. Da sich diese bei den Legionen bzw. Legionsstandorten unterscheiden, lassen sich Funde einem legionsspezifischen metallurgischen Fingerabdruck zuordnen. Das

---

[8] BERGER 1995: 168. Vgl. BERGER 1993: 217-218.
[9] BERGER 1995: 169.
[10] BURMEISTER 2015: 22.
[11] ROST & WILBERS-ROST 2015: 43.

Ergebnis der Untersuchungen ist, dass sich in Kalkriese die 19. Legion, also eine der drei unter Varus vernichteten Legionen, identifizieren lässt.[12]

Insgesamt dürfte Kalkriese damit als Ort der Varusschlacht wohl bewiesen sein.

Gegen die Deutung der Funde bei Kalkriese als Hinterlassenschaft der Varusschlacht hatte sich besonders aus Lippe früh Widerstand geregt, der mittlerweile aber nahezu abgeebbt ist. Da hieß es u. a.: „Alles spricht gegen das Osnabrücker Land als Ort der Varusschlacht 9 n. Chr. – und *für* Lippe-Detmold."[13] Als Argumente wurde u. a. vorgebracht, Kalkriese sei nur eine Idee von „Politikern des strukturschwachen Osnabrücker Landes" um einen „Tourismus-Magnet" zu schaffen. Denn es gebe dort zu wenige Knochenfunde und an dem kurzen Wall bei Kalkriese könnten „niemals drei Legionen in die Falle gegangen" sein. Außerdem seien „die einzige in Rom bekannte Landmarke in ganz Norddeutschland" die Externsteine, die „seit den Kelten lange vor Christi Geburt Saltus Teutoburgiensis (Felssprung der Teutates-Burg) hießen".[14] Es handelte sich also um ein Sammelsurium von unwissenschaftlichen Behauptungen und Fantasien, die nicht bewiesen, sondern restlos von der Wissenschaft widerlegt werden konnten. Andere Autoren traten gegen Kalkriese mit der Lippetheorie auf[15], u. a. mit Titeln wie „Varus starb im Teutoburger Wald – Eine Antwort auf Kalkriese"[16], ohne jedoch die Funde in Kalkriese entkräften oder alternative Funde nachweisen zu können.

Statt solcherlei Argumente ernstnehmen zu können, wird man hier eher an die Worte Theodor Mommsen erinnert, der schon 1888 in seinem

---

[12] Metallurgischer Fingerabdruck weist Legion des Varus in Kalkriese nach, www.kalkriese-varusschlacht.de/die-varusschlacht/metallurgischer-fingerabdruck-1.html.

[13] SCHOPPE 2012: 30.
[14] SCHOPPE 2012: 31.
[15] BÖKEMEIER 1996, 2004; LIPPEK & SCHLÜTER 2008; OHLMS 2014; WARNEKE 2017.
[16] BÖKEMEIER 1996.

berühmten Artikel zur Varusschlacht bei Barenau schrieb: „Der gesunde Menschenverstand hat auch auf archäologischem Gebiet ein gewisses Anrecht auf Berücksichtigung."[17] Insgesamt liegen den meisten Büchern und Veröffentlichungen der letzten 30 Jahre zur Lage der Varusschlacht in Lippe weniger wissenschaftliche Funde oder Begründungen als eher psychologische Ursachen zu Grunde. Schließlich hatte man sich über dreihundert Jahre im Besitz des Schlachtortes gedünkt, sogar das Hermannsdenkmal errichten können, und nun fiel mit Kalkriese das ganze schöne Kartenhaus zusammen. Da ist ein gewisser Grad an kognitiver Dissonanz menschlich. In den letzten Jahren ist es diesbezüglich aber ruhiger geworden und Kalkriese wird allgemein als Ort der Varusschlacht anerkannt.

4. Wo liegt der Teutoburger Wald?[18]

Nun liegt Kalkriese im westlichen Teil des Wiehengebirges. Wie passt das mit dem „saltus teutoburgiensis", dem Teutoburger Wald zusammen, in dem die Varusschlacht ja nun geschlagen wurde?

Der Name Teutoburger Wald war „im 17. Jahrhundert noch gänzlich unbekannt".[19] Im Jahre 1505 wurden dann in der Bibliothek des Klosters Corvey die „Annalen" des Tacitus gefunden. Sehr schnell begann man nach dem Ort der darin geschilderten Varusschlacht im „saltus teutoburgiensis" zu suchen. 1539 brachte Johannes Kruyshaar diesbezüglich die obere Ems ins Spiel.[20] Philipp Melanchthon wies 1559 brieflich Graf Bernhard von Lippe darauf hin, dass die Römerschlacht in dessen Land stattgefunden habe.[21] Als Grundlage nahm man die Aussage in den Annalen, dass Germanicus im Jahre 15 sein Heer „bis zu der äußersten Grenze der Bructerer" geführt und „das ganze Gebiet zwischen den Flüssen Amisia und Lupia, nicht weit

---

[17] MOMMSEN 1888: 211.
[18] Einige Ausführungen in diesem Kapitel sind bereits bei WÄCHTER 2025 gemacht worden.
[19] KURTZ 1890: 19.
[20] CINCINNIUS 1539.
[21] BOURSEAU 1996: 41.

entfernt von dem Teutoburger Wald" verwüstet habe.[22] Nimmt man als äußerste Grenze die Ostgrenze des Siedlungsgebietes der Brukterer, so war das eine nachvollziehbare Schlussfolgerung.

Der Geograph und Historiker Philipp Clüver (1580-1622) beschrieb dann 1616 in seiner „Germaniae antiquae libri tres" die germanischen Stämme. Bei der Beschreibung der Cherusker nannte er einige Ortsnamen, die er mit dem „Teutoburgiensis saltus" des Tacitus in Verbindung brachte, u. a. den Hof „Teutenmeyer" in der Nähe von Berlebeck sowie „Theuth", „Dietmelle", „Theutomellum", „Theotmalli", „Thiatmelle" und „Theotmelli" als alte Namen Detmolds. Clüver bezog sich also auf die Umgebung des „Teut" genannten Berges bei Detmold, auf dem sich heute das Hermannsdenkmal befindet. Hier trug der Tötehof am Fuße der Grotenburg vor der Mitte des 14. Jahrhunderts den Namen „Teut".[23] Detmold sei das alte „Teutoburgium", sodass es sich bei den umliegenden Wäldern um den „Teutoburgiensis saltus" handeln müsse.[24] Clüver stütze sich dabei auf Beschreibungen Herrmann Hamelmanns über den Fund römischer Relikte im Lippischen Wald.[25] Albert Forbiger ging noch 1848 davon aus, dass das Gebirge nach einer Stadt Teutoburgium benannt worden sei.[26] Doch ein altes „Teutoburgium" hat es nie gegeben, sondern man deutete damals den Ortsnamen „Tulisurgum" aus der „Geographia" des Claudius Ptolemäus einfach als Schreibfehler[27] und hatte damit den bedeutenden römischen Geographen in die eigene Vorstellungswelt integriert.

Johannes Piderit übernahm die Deutung 1627 in seiner „Chronicon Comitatus Lippiae": „Der Teuteburger Waldt ist der vornembste, welcher Westphalen und Graffschafft Lipp zertheilet, und itziger Zeit der Lippische Dithwaldische und Hörnsche Waldt genant wird, hat den Namen von Teutone und alten ersten Teutschen, so daran gewohnet, wie noch Anzeigung seyn, an den Namen der Stadt und Vest Dethmaldt, wird recht

---

[22] TACITUS 1964: 61.

[23] GOLDSCHMIDT 1925: 18.

[24] CLÜVER 1616, 1631: 580.

[25] HAMELMANN 1582: 392.

[26] FORBIGER 1848: 322. Ähnlich sahen es andere Forscher: WILHELM 1823: 46-47; ZEUß 1837: 7; HOLZ 1894: 62- 63; MUCH 1918/19: 314.

[27] KLEINEBERG et al. 2010: 47-48.

genant Teutmal… So sind auch die Teuterhöffe und Teutmeyer: Item die grosse Burgk am Lippischen Waldt, da die alten Teutschen ihre Burgk unnd Wohnung hatten, davon der Waldt ward genandt Teutenburg, da ist nicht weit von der Lippesprung und Fontein, die Emse hat ihren Anfang am Stapel oder Stapelagerberg, davon Tacitus."[28] „Es werden och zu dieser Zeit, wie dann auch zuvorn, Römische Monetae, güldene und silberne Müntz, allerhandt Rüstung, Gewehr und zubrochen Zeug, so von Menschen und Pferden gebraucht, gefunden, wird mit dem Pflug herfür gebracht".[29]

Für Ferdinand von Fürstenberg war es eindeutig: „Es war also Osnegge, Osnig, Osning, Osnine, Osing der Name desselben Waldes, den Tacitus den Teutoburgischen genannt hat."[30] Er sah damit die Lage des alten „Teutoburgiensis saltus" als herausgefunden an und beschrieb den Teutoburger Wald als „zwischen der Sende-Wüste und den Städten Horn und Detmold, wo der Berg Teuteberg heutzutage noch den alten Namen führt".[31] Für das Jahr 783 zitiert er aus den fränkischen Annalen. Karl der Große sei „mit wenigen Franken beim Theutwalde (Theotwaldi)" angekommen, wo es zur Schlacht kam.[32] Er erwähnt ebenfalls „Theutomelle" als Detmold[33] und beschrieb den „Teutoburger Wald" als sich „durch das Gebiet von Lippe, Ravensberg, Osnabrück, Münster und Oldenburg" erstreckend und bezeichnet damit als erster den ganzen heute Teutoburger Wald genannten Gebirgszug des Osning als Teutoburger Wald.[34] Es ging somit nicht mehr um einen kleinen Teil des Lippischen Waldes, sondern er taufte den Osning in fast ganzer Länge um. Lediglich dem südlich des Velmerstot gelegenen Höhenzug beließ er den Namen „Egge" bzw. „Eggegebirge", ohne dass für eine Abgrenzung südlich dieses Berges irgendeine topographische Besonderheit zugrunde lag. Ursächlich für die Umbenennung, war der Wunsch, „jenem Stück Erde, auf dem unsere germanischen Vorfahren die große Schlacht gegen die Römer geschlagen

---

[28] PIDERIT 1627: 164.

[29] PIDERIT 1627: 165.

[30] FÜRSTENBERG 1672: 41, 1844: 230.

[31] FÜRSTENBERG 1669, 1672: 35, 1844: 221.

[32] FÜRSTENBERG 1844: 231. Bei EINHARD (1977: 22) heißt es „Theotmalli".

[33] FÜRSTENBERG 1672: 36, 1844: 222.

[34] FÜRSTENBERG 1672: 37, 1844: 222.

hatten, den Namen zu geben, unter dem es durch die Annalen des Tacitus in die Weltgeschichte eingegangen ist: Teutoburgiensis saltus".[35]

1764 hatte Grupen noch geschrieben: „Von solchen Benennungen der Kämpe und Oerter und andern Strichen Landes, die" bestimmte Namen führen „…locum cladis Varianae zu bestimmen, in solcher heutigen Aussprache die Sprache der Cheruscer zu concipiren, ist eine vergebliche Vorstellung".[36] „Die Benennung des Tractus, welcher jetzo der Teuteberger Wald seyn und heißen soll, ist neu von den Gelehrten aus eigener Erfindung imponieret, und wird so wenig unter Carolo Magno als sonst in Diplomatibus gehöret."[37] Tatsächliche heiße er seit der Zeit Karls des Großen „Osneggi".[38]

Doch in der Folgezeit wurden seitens der lippischen Intelligenz immer mehr Aspekte hervorgebracht, die die Benennung rechtfertigten und die Örtlichkeit der Varusschlacht beweisen sollten. In Horn fand man 1868 beim Kanalbau große Mengen an Hufeisen, die als römisch eingestuft wurden sowie andere Eisenteile wie Radnägel, Knochen, Pferde und Eberzähne, außerdem eine römische Goldmünze (gens Pompeia).[39] An der Grotenburg entdeckte man die Spitze eines römischen Pilums.[40] Und Hermann Hamelmann hatte ja bereits 1582 berichtet, dass man auf dem Winfeld (Winnefeld, Wintfeld) südwestlich von Berlebeck menschliche Knochen sowie Eisenteile von Waffen (Schwerter, Lanzen, Dolche) sowie silberne und goldene römische Münzen (Cäsar, Augustus, Agrippa) gefunden habe.[41] Insoweit lag es nahe, hier die Örtlichkeit einer Schlacht zu sehen. Besonders stützte man sich weiterhin auf den Teut mit der Grotenburg. Hermann Kurz behauptete, dass der Name „Teut" nur im Lippischen als Bergname häufiger vorkomme (Herford, Schildesche, Schlangen, Detmold, Berlebeck, Lemgo, Varenholz, Hameln, Luerdissen, Alverdissen etc.).[42] Ein Hof an der Nordseite der Grotenburg hieß 1380 „Nolte in dem Toyte"; er wurde auch in den

---

[35] MOTZ 1953: 63.

[36] GRUPEN 1764: 147.

[37] GRUPEN 1764: 146.

[38] GRUPEN 1764: 120.

[39] SCHIERENBERG 1888: 125, 180-183.

[40] MOTZ 1953: 65.

[41] HAMELMANN 1582: 392, 1711: 392.

[42] KURZ 1890: 3-4, 8-9.

Jahren danach so genannt (1409, 1411, 1474, 1509).[43] Später änderte sich die Schreibweise in „Tödhermann" 1563, „Teutenmeyger" 1568 und 1627 und schließlich 1627 „Teutemeyer" und später noch „Tötehof".[44] Abgeleitet wurde der Hofname immer vom Berg, den „Toyt" bzw. „Teut". Schließlich errichtete man hier das Hermannsdenkmal.

Der neue Name für den Osnig setzte sich immer mehr durch. Zwar sprachen einige Autoren noch vom Teutoburger Wald insgesamt und diesem „im engeren Sinne", womit sie u. a. den Bereich zwischen Oerlinghausen und dem Velmerstot hervorheben wollten.[45] Doch ist für das Gebirge heute der Name Teutoburger Wald stärker verbreitet als der Name Osning. [46]

So haben wir heute wieder einen Teutoburger Wald, wissen aber nicht, ob er mit dem Saltus teutoburgiensis der Römer identisch ist. Was wissen wir überhaupt über die Lage des Letzteren?

Der Mitte des 2. Jahrhunderts tätige griechische Wissenschaftler Claudius Ptolemäus orientierte sich in seiner „Geographia" an den Längengraden und schuf damit ein Verzeichnis der Lage von Städten, Flüssen, Bergen und anderen geographischen Punkten für den damals bekannten Teil der Weltkugel.[47] Insgesamt nannte er die geographischen Koordinaten von über 6.300 Orten und topographischen Örtlichkeiten, darunter auch einige im freien Germanien.[48] Natürlich sind die Daten aufgrund der fehlenden Möglichkeiten der Zeit ungenau und müssen zumindest geodätisch entzerrt werden. Interessant ist, dass Ptolemäus auch eine Lokalität „Teuderium" nennt, der nach entsprechender moderner Umrechnung in der Nähe von Beelen liegen muss. Beelen ist vom Osning nur 19 Kilometer entfernt, so dass unter Berücksichtigung der Fehlertoleranz zugunsten des in Alexandria tätigen Wissenschaftlers nicht ausgeschlossen werden kann, dass damit der

---

[43] KURZ 1890: 12.

[44] KURZ 1890: 12.

[45] GOLDSCHMIDT 1925: 11.

[46] Einige Autoren waren sich sicher, dass der Osning tatsächlich der einstige Saltus teutoburgiensis gewesen ist und daher die Umbenennung korrekt sei. Vgl. MEHLIS 1918: 60, 74-75, 115.

[47] PTOLEMÄUS 1843.

[48] KLEINEBERG 2010: 3.

Saltus teutoburgiensis gemeint sein könnte.[49] In „Teuderium" klingt das germanische „Teut" viel eher an als in einem veränderten „Tulisurgium"; bemerkenswert, dass die Autoren des 17. und 18. Jahrhunderts sich nicht hierauf gestützt haben. Aus einem einzelnen an „Teuto" anklingende Ortsnamen die Lage des einstigen Saltus Teutoburgiensis schließen zu wollen, wäre allerdings auch sehr gewagt.

Gajus Plinius war um das Jahr 50 als Offizier in Germanien und stellte in zwanzig Büchern alle römisch-germanischen Kriege dar.[50] Mit Hilfe dieser Bücher wüssten wir heute mehr über die Lokalitäten und Geschehnisse im Rahmen der Varusschlacht, doch sind sie leider nicht erhalten. In seiner Naturgeschichte erwähnte Plinius in Germanien lediglich den Hercynischen Bergrücken („Hercynium"), nicht aber den Teutoburger Wald.[51]

Die einzigen brauchbaren Hinweise auf die Lage des Teutoburger Waldes finden wir bei Tacitus. Germanicus steht im Jahre 15 mit seinen Truppen an „der äußersten Grenze der Bructerer" und von dort ist der Teutoburger Wald „nicht weit entfernt", wofür Tacitus den Begriff „haud procul" verwendete.[52] Dafür, wie groß die Entfernung sein könnte, die mit „haud procul" gemeint war, gehen die Ansichten auseinander. Otto Dahm meinte schon 1902, dass es in der antiken Literatur „kaum einen zweiten Satz" gebe, „für dessen Deutung soviel Druckerschwärze vergeudet worden" sei.[53]

Nach manchen Autoren soll Tacitus diesen Begriff „für Strecken von etwa 20 km" verwendet haben,[54] andere sprechen nach Auswertung von Annalen und Historien des Tacitus von bis zu vier Stunden.[55] Legt man den

---

[49] MEHLIS (1918a: 115) und FORBIGER (1848: 322) sahen die Lage bei Dörgen (Meppen).

[50] SONTHEIMER 1964: 303.

[51] PLINIUS 1988: 184-185.

[52] „Haud procul" wird nach MOTZ (1953: 63-64) auch übersetzt mit „gar nicht weit" bzw. „ganz in der Nähe".

[53] DAHM 1902: 54.

[54] BERKE 2009: 133.

[55] NEUBOURG 1887.

Gepäckmarsch der Bundeswehr von vier bis sieben Kilometern pro Stunde zugrunde, kommt man auf etwa die gleiche Entfernung.[56]

Fraglich ist aber, wo Germanicus denn im Jahre 15 mit seinen Truppen stand, von wo wir also solch einen Radius von etwa 20 Kilometern ziehen können. Die Forscher des 17. und 18. Jahrhunderts sahen die bei Tacitus genannten Flüsse Ems und Lippe als Ausgangpunkt und kamen schlussfolgernd auf das lippische Gebiet. Doch ist das wirklich schlüssig? Andere Autoren sahen im Namen der Lippe einen Fehler von Tacitus und gingen davon aus, dass er tatsächlich die Hase oder die Hunte gemeint habe.[57] Doch ist ein solcher Fehler zur Erklärung nicht notwendig.

Um von den Legionslagern am Rhein an die obere Lippe zu gelangen, war der kürzeste Weg die Lippe selber, die ja auch mit zahlreichen Kastellen gesichert wurde. Wenn Germanicus einfach einen Krieg gegen die Brukterer führen wollte, wäre es strategisch und auch seitens der Logistik am einfachsten gewesen, von den Lagern am Rhein nach Osten zu marschieren. So wäre „das ganze Gebiet zwischen den Flüssen Amisia und Lupia" zerstört worden. Das tat Germanicus aber nun gerade nicht. Sein Vormarsch verlief wesentlich komplizierter und aufwändiger.

Eckhard Bremer schrieb: „Betrachtet man die im Jahre 16 auf dem Wasserweg zurückgelegte Entfernung und die Gefahr, die diese Strecke entlang der Nordseeküste in sich barg, und vergleicht man sie mit einem möglichen Anmarsch über die Lippe, so stellt man rasch fest, daß die Wahl der Lipperoute gegenüber dem Weg über die Nordsee nicht nur eine um mehr als die Hälfte kürzere Reiseentfernung zu Schiff, sondern auch eine Vermeidung der Gefahren des Seetransportes und einen wesentlich kürzeren Landmarsch bedeutet hätte."[58] Und dies gilt in gleicher Weise für den Feldzug des Jahres 15 zu den entferntesten Brukterern.

Lediglich vierzig Kohorten schickte Germanicus unter General Caecina direkt in das Bruktererland, also das heutige Münsterland, bis an die Ems.[59] Sie dürften zwischen Ems und Lippe einige Unruhe ausgelöst und zahlreiche

---

[56] DIVISION SCHNELLE KRÄFTE G1 DER BUNDESWEHR (o. J.): 29.

[57] PREIß 2024: 190-195.

[58] BREMER 2001: 54.

[59] TACITUS 1964: 60-61.

Siedlungen zerstört haben. Die Masse der Legionen nahm einen viel nördlicheren Weg. Der Aufmarschweg der Reiterei unter General Pedo führte „durch das Gebiet der Friesen".[60] Germanicus selbst „fuhr mit vier Legionen, die er auf Schiffe verladen hatte, über die Seen".[61] Mit diesen Seen kann nur das damals noch zwischen Festland und Nordsee gelegene zerrissene Land im Norden der heutigen Niederlande oder der Bereich der Mündungsarme des Rheindeltas mit der Bataverinsel gemeint gewesen sein. Diese Flotte fuhr dann in die Emsmündung hinein. Tacitus schreibt: „Fußvolk, Reiterei und Flotte trafen gleichzeitig an dem vorbestimmten Fluß ein."[62]

Ein planmäßiges Durchkämmen des Bruktererlandes zwischen Ems und Lippe, wie sie Johannes Norkus beschrieben und auf einer Karte dargestellt hat, muss wohl als reine Fantasie angesehen werden: „Ähnlich wie im Marserfeldzug erhielt jede Legion einen Angriffsstreifen, innerhalb dessen Ernte und Ortschaften zu zerstören und die Bevölkerung zu vernichten befohlen war. Bei einer Gesamtbreite des Brukterergebietes von etwa 50 km entfiel demnach auf jede Kohorte ein etwas über 600 m breiter Streifen, der mit Leichtigkeit zu übersehen war."[63]

Wo an der Ems die Zusammenkunft der Heeresteile stattfand, ist unbekannt. Doch lässt sich dies zumindest eingrenzen. An der unteren Ems kennen wir bei Leer den Fundplatz Bentumersiel. Weiter nördlich hätte eine Anlandung überhaupt keinen Sinn gemacht. Sofern die Flotte die Ems weiter hinaufgefahren ist, war dies allenfalls bis Rheine möglich. Bei Rheine kreuzt das Flussbett eine Kalksteinkette, in die sich die Ems im Laufe der letzten hunderttausend Jahre hineinerodiert hat. Allerdings nicht vollständig, denn der enge Durchlass war durch schroffe Felsen und Stromschnellen geprägt, die ein Befahren mit Schiffen unmöglich machten. In späteren Jahrhunderten wurden die Felsen teilweise gesprengt und seit dem Mittelalter staute man den Fluss durch ein Wehr auf, um hier eine Furt

---

[60] TACITUS 1964: 61.
[61] TACITUS 1964: 61.
[62] TACITUS 1964: 61.
[63] NORKUS 1976: 74 und Karte 5.

sichern zu können. Zur Zeit der Römer stellte dieser Bereich eine absolute Grenze für jede Flottenaktivität dar.

Wir können also sicher sagen, dass Germanicus irgendwo nördlich von Rheine agiert haben muss. Und eben dort lag die Nordgrenze des Siedlungsgebietes der Brukterer, also durchaus deren „äußerste Grenze". Müller von Sondermühlen hatte bereits 1888 in diese Richtung gedacht.[64] Angrenzend können wir u. a. die Siedlungsgebiete der Chasuarier, also der Anwohner der Hase, annehmen.

Gehen wir nicht von der Ost-, sondern von der Nordgrenze der Brukterer aus, mit einem Aktivitätsgebiet des Germanicus östlich der mittleren Ems und nördlich von Rheine, so ergeben sich mit einem Aktivitätsradius von ca. 20 Kilometern ganz andere Gebiete für eine Identifikation des Teutoburger Waldes. Und damit gelangen wir sogar in den Bereich des römischen Fundplatzes Kalkriese, der heute allgemein als Ort der Varusschlacht gehalten wird.

---

[64] MÜLLER VON SONDERMÜHLEN 1888: 84-85.

Seit dem Mittelalter ist die Ems bei Rheine durch ein Wehr aufgestaut. Vorher gab es hier Kalkfelsen und Stromschnellen im Fluss.

Germanicus suchte das Schlachtfeld selbst auf und organisierte dann den Rückzug, der wieder mittels Flotte und durch das Gebiet der Friesen verlief; beides wäre völlig unsinnig, wenn er an der oberen Lippe gestanden hätte. Aus einem Gebiet von Lingen, Bramsche, Bersenbrück etc. macht dies jedoch Sinn. Caecina nahm wieder den Weg durch das Bruktererland und geriet an den Langen Brücken in ein heftiges Gefecht mit den Germanen, aus dem er nur unter großen Verlusten flüchten konnte. Das schauen wir uns später noch näher an.

Wo lag nun aber der Teutoburger Wald? Schauen wir zuerst auf den Namen selber, der unzweifelhaft auf eine germanischen Ortsbezeichnung Teutoburg zurückgeht. Burg steht dabei für einen befestigten Platz. Hierbei ließe sich an eine befestigte Höhe, also eine Wallburg denken, doch stammen die Wallburgen in Osning und Wiehengebirge nicht aus der Römerzeit, sondern waren damals schon mehrere Jahrhunderte alt und nicht mehr in Gebrauch. Es könnte sich hier allenfalls der Name einer früheren Befestigungsanlage erhalten haben, die vielleicht für die Zeit der Römerinvasionen wieder verteidigungsfähig gemacht worden war.

Teuto ist die Urform unseres Wortes Deutsch. Auch wenn dies von heutigen nihilistisch geprägten Intellektuellenkreisen immer wieder heftigst abgewehrt wird, scheint Teuto die Selbstbezeichnung der Völker gewesen zu sein, die die Römer seit Cäsar als Germanen bezeichneten. „Um etwa 300 v. Chr. unternahm der griechische Forscher Pytheas von Massilia eine Erkundungsfahrt nordwärts an der Küste des Atlantischen Ozeans, die ihn bis in die Nordsee führte, wo er nach seiner Angabe ein Volk fand, das er Teutonen nennt.“[65] Die Römer lernten dann die Kimbern und Teutonen kennen, die bis ins nördliche Italien vorstießen. In den Ursprüngen geht die Selbstbezeichnung Theudo vom Begriff Volk aus. Insoweit wird dann auch von Volksburgen ausgegangen, obwohl es solche als größere Burganlagen, wie gesagt, um die Zeitenwende nicht gab. Statt hier an eine Burg im heutigen Sinn zu denken, ist es vielleicht besser, von einem umfriedeten bzw. befriedeten Gebiet auszugehen, wo sich die Bevölkerung mehr oder regelmäßig zusammenfand.

In „Teuto“ bzw. „Theudo“ soll nach Pfeifer auch als Denominativum das Verb „deuten“ enthalten sein. Darum handele es sich nach Wilm Brepohl um ein umfriedetes Gelände, wo ein Priester „dem Volk Gottes Wille verständlich gemacht“ habe.[66] Der Saltus Teutoburgiensis wäre danach also ein Opferwald mit einem zentralen Heiligtum gewesen.[67], vielleicht das Zentralheiligtum des Kultverbandes der Istvaeonen. Es wurde auch die These aufgestellt, dass im Jahre 9 ein großes Kultfest der Rhein-Ems-Weser-Germanen an ihrem zentralen Heiligtum bevorgestanden hätte und Varus

---

[65] ABELS 1927: 92.

[66] BREPOHL & TEMLITZ 2009.

[67] BREPOHL 2004: 66-67. Hermann Kurz schrieb, allerdings an Lippe denkend: „Daraus geht bestimmt hervor, dass der Teutoburgiensis saltus unweit der den Göttern geweihten Kultplätze lag.“ (KURZ 1890: 6).

eben dorthin wollte.[68] Das Gebiet dieses Heiligtums sei der Saltus Teutoburgiensis gewesen. Brepohl vermutet geradezu eine Taktik, Varus vom Sommerlager wegzulocken, indem er zur Teilnahme an den Festen in den Heiligen Hainen gebeten wurde.[69]

Der Begriff saltus ist unzweifelhaft lateinisch und wird u. a. übersetzt mit Waldgebirge, Waldtal, Geländeerhebung, Schlucht, Gebirge, Gebirgspass, Weideplatz.[70] Er schließt einen bewaldeten Opferwald nicht aus. Wir können daher vielleicht annehmen, dass mit dem Saltus Teutoburgiensis kein größerer Gebirgszug, sondern eine zu Kultzwecken genutzte Örtlichkeit gemeint war.

Besondere Kultfeste fanden bei den Germanen im Abstand von mehreren Jahren statt, wie etwa noch tausend Jahre später alle neun Jahre in Uppsala in Schweden zu Ehren von Odin (Wodan) oder alle neun Jahre in Leire, Dänemark. Im Jahreslauf fanden die Festlichkeiten vermutlich bei Vollmond im September statt. Im Altenglischen wurde der September dementsprechend „heiliger Monat" genannt.[71] Zur Zeit des Aufenthalts von Varus fielen am 23.09.09 sogar Vollmond und Tag- und Nachtgleiche zusammen.[72] Es dürfte nicht sehr schwierig gewesen sein, Varus zu einem Besuch der Festlichkeiten zu bewegen. Er könnte es als Möglichkeit der Machtdemonstration gesehen haben.

Auch die Beschreibung des Schlachtfeldes der Varuskatastrophe durch Tacitus passt zu einem Kultplatz. Er schrieb: „Zugleich fanden sie an Baumstämmen angenagelte Köpfe. In den benachbarten Hainen standen die Altäre der Barbaren, an denen sie die Tribunen und die Centurionen der

---

[68] BREPOHL 2004: 66; BREPOHL & TEMLITZ 2009.

[69] BREPOHL 2004: 17-18.

[70] OPPITZ 2006: 84; MOTZ 1953: 64; SCHMIDT 2015. Andere sehen in „saltus" die Bedeutung „Salz", sprechen also von einem „Salzort an der Teutoburg" und verweisen darauf das der Platz auf Germanisch „Salt-uf-lohun" geheißen habe, was dem modernen Bad Salzuflen entspreche SCHOPPE et al. 2007: 84-87).

[71] BREPOHL 2004: 49.

[72] BREPOHL 2004: 53. Am 10. Juli des Jahres 9 n. Chr. hatte es eine Sonnenfinsternis gegeben (RITTER 2008: 126).

ersten Rangstufe geschlachtet hatten."[73] Dort zeigten Überlebende der Varusschlacht die Plätze der „Galgen für die Gefangenen" sowie „Martergruben".[74] Nun, die Germanen brauchten ihre Opfer wohl nicht weit heranholen; diese waren selbst in die Falle gelaufen.

Wo im Bereich der Varusschlacht kann nun aber dieser heilige Bereich der Teutoburg gelegen haben? Gibt es geeignete Örtlichkeiten in der Nähe von Kalkriese? Interessant ist eine Urkunde des Bischofs Philipp von Osnabrück aus der Zeit 1147-1159 über die Berechtigung des Stifts St. Johann zu Osnabrück in der Engterer und Venner Mark Bauholz zu schlagen, in der es heißt: „marchiam silvaticam, quam Teutonici holtmarke appelant in locis Engethere et Vene".[75] Es geht also um Waldmarken in der Nähe von Kalkriese, die Teutonici Holzmark genannt wurden. Kann das ein Hinweis auf das Heiligtum sein?

Zwischen Engter und Venne befindet sich der Kalkrieser Berg, der deutlich aus dem Gebirgszug des Wiehengebirges herausragt. Auf der Höhe südlich davon liegt ein ganz außergewöhnlicher Ort. Hier auf der Venner Egge des Wiehengebirges steht nämlich etwa einen Kilometer nordwestlich von Vehrte der einzige Menhir Nordwestdeutschlands. Es handelt sich bei diesem „Süntelstein" um einen aufrechten, 4,10 Meter aus dem Boden ragender Findling der Saaleeiszeit aus småländischen Biotitgranit mit einem Gewicht von 26,9 Tonnen[76], der eindeutig von Menschenhand aufgerichtet wurde.[77] Wann der Süntelstein aufgestellt wurde, lässt sich nicht mehr erschließen.[78] Auf jeden Fall wird er der Megalithepoche zugeschrieben werden können, was aber nicht ausschließt, dass ihm nicht noch in germanischer Zeit eine besondere Bedeutung zugekommen sein könnte. Die Örtlichkeit wird „Steenshöhe" genannt und für den Menhir sind auch die Namen „Süntelsteen" (1756), „Sündelstein" (1853), „Teufels-," und „Sonnenstein" überliefert.[79]

---

[73] TACITUS 1964: 61-62.
[74] TACITUS 1964: 62.
[75] PHILIPPI 1892: 220.
[76] SPEETZEN 1998: 90.
[77] Vgl. SPEETZEN 1998: 90. Siehe auch HARTMANN 1899; SCHLÜTER 1979a.
[78] PETERS & SCHLÜTER 1979b: 25.
[79] STRODTMANN 1756: 236; SUDENDORF 1853: 397; SPEETZEN 1998: 90.

Johann Karl Wächter schrieb 1841: „Der einzelne Stein im Vehrter Bruche, der Sündel oder Sonnenstein genannt, ist nicht minder merkwürdig. Er hat, nach der Beschreibung des Amts und nach einer kleinen Handzeichnung und Nachricht von dem eben genannten königlichen Forstbedienteten, eine pyramidenförmige Gestalt, ragt etwa 13´ über der Erde hervor, soll aber anscheinend nach auf einem tief in den Boden gehenden Fundamente ruhen."[80]

---

[80] WÄCHTER 1841: 107.

Der Süntelstein auf der Venner Egge im Wiehengebirge. Die Vorderseite wird immer wieder mit einer Teufelsfratze beschmiert.

Süntelstein Rückseite.

Neben dem eigentlichen Menhir findet sich ein Haufen sehr großer weiterer Findlinge, die bei Rodungsarbeiten im 19 Jahrhundert zusammengelegt worden sind. Nach Hartmann soll der Süntelstein vor 1853 von einem „Ring kleinerer Blöcke" umgeben gewesen sein, was Sudendorf jedoch bezweifelte.[81] In der Umgebung des Süntelsteins gibt es eine ganze Reihe von Wällen und Gräben, die bisher noch nicht kartographiert sind. Überhaupt ist das ganze Gelände noch nicht archäologisch untersucht worden. Daher gibt es bisher nur eine Reihe unbewiesener Vermutungen zu dem Gebiet. Johann Karl Wächter mutmaßte, dass der Süntelstein „eine astronomische und somit druidische oder religiöse Bedeutung" haben könnte.[82] Andere sahen Beziehungen zu weiteren Steinen in der Nähe, was die Feststellung erlaube, dass die „Verteilung der Kultsteine die Nette bzw. die Steinerne Birke als kleinräumige Leitlinie ausweist, deren Endpunkt und Ziel der Teufelsstein war".[83] Bewiesen ist diesbezüglich aber noch nichts.

Dafür schwebt die Sagenwelt reich um den Süntelstein. Die Brüder Grimm nahmen ihn in ihre „Deutsche Sagen" auf: „Bei Osnabrück liegt ein uralter Stein, dreizehn Fuß aus der Erde ragend, von dem die Bauern sagen, der Teufel hätte ihn durch die Luft geführt und fallen lassen. Sie zeigen auch die Stelle daran, in welcher die Kette gesessen, woran er ihn gehalten, nennen ihn den Süntelstein."[84] Der Sage nach soll der Teufel vorgehabt haben, die Kirchentür in Venne mit dem Stein zu versperren, ließ ihn aber nach einem Hahnenschrei fallen.[85] Seitdem soll er sich jeden Morgen dreimal um seine Achse drehen, allerdings so schnell, dass man es nicht sehen kann.

---

[81] SUDENDORF 1853: 397; HARTMANN 1853: 206, 1876: 75.

[82] WÄCHTER 1848: 108.

[83] JARECKI 1999: 186.

[84] GRIMM & GRIMM 1816: 275.

[85] WÄCHTER 1841: 107; SUDENDORF 1853: 198-199; HARTMANN 1876: 76-77; SCHLICHTING 2008: 43.

Große Findlinge neben dem Süntelstein. Sie waren vorher in der Umgebung aufgestellt, fielen dann aber der Urbarmachung des Geländes zum Opfer.

Jürgen Udolph erwähnt in seiner Arbeit über die Flur-, Orts- und Gewässernamen im Norden der Gemeinde Belm auch eine Flurbezeichnung „In den Hengelrieden" (heute Straße Engelriede) südlich des Süntelsteins, zu der er einen Zusammenhang mit Gerichtsstätten sieht.[86]

Theodor Mommsen sah bereits den Osning nicht als den Teutoburger Wald an, sondern er ging davon aus, der saltus teutoburgiensis sei die Bergkette des Wiehengebirges zwischen der Porta Westfalica und der Hase gewesen.[87] Wohl nicht des ganzen Gebirges, aber vielleicht eines Teils davon. Denn die Lage des Süntelsteins in unmittelbarer Nähe des Ortes der Varusschlacht bei Kalkriese, der Name „Teutonici holtmarke" für diese Gegend, die

---

[86] UDOLPH 1999: 67.
[87] MOMMSEN 1888: 241.

Einmaligkeit eines Menhirs in Nordwestdeutschland, die Benennung von Opferungen am Schlachtfeld durch Tacitus und ein Abstand in realistischer Nähe zum Kampfgebiet lassen eine gewisse Wahrscheinlich erahnen, dass wir es hier mit dem ehemaligen Teutoburger Wald zu tun haben. Der Saltus Teutoburgensis wäre somit ein Teil des heutigen Wiehengebirges im Bereich des Kalkrieser Berges bzw. der Venner Egge.

Die Beschreibungen von Tacitus um die Geschehnisse im Teutoburger Wald und die nun sehr sichere Lokalisation der Varusschlacht in Kalkriese stehen also nicht nur nicht in Kontrast, sondern sie ergänzen sich in einzigartiger Weise. Wir können bei der weiteren Betrachtung zur Lokalisation der Schlacht an den Pontes longi also davon ausgehen, dass sie in einer Relation zu Kalkriese stehen muss.

Die früheren Theorien über die Lokalisierung der Schlacht an den langen Brücken, die von einem Ort der Varusschlacht in Lippe ausgingen, sind damit hinfällig. Genannt wurden u. a. folgende Orte:

- Lage

Clostermeier ging von einem Moordamm „an der Römerstraße von Aliso über Herford nach der Weser"[88] aus und fantasierte, dass die Germanen das kleine Bächlein Retlage bei Lage-Hörste zur Überschwemmung umleiteten.[89] Knoke widersprach dem bereits 1887."[90]

- Untere Senne

Deppe sah die Langen Brücken in der „sumpfigen Senne" am rechten Ufer des Haustenbachs bei Hövelhof.[91] Von Lippe aus kommend, hätte ein Heer tatsächlich die Senne queren müssen. Der größte Teil der Senne ist jedoch noch heute ein trockenes Sandgebiet, das teilweise seit der Bronzezeit von offenen Heideflächen geprägt ist. Die Durchquerung war für die Römer ein

---

[88] CLOSTERMEIER 1822: 76.
[89] CLOSTERMEIER 1822: 78.
[90] KNOKE 1887: 244.
[91] DEPPE 1881: 49-53.

Leichtes. Hier haben sich bei Sennestadt am Beginn einer relativ leicht begehbaren Passstraße über den Osning (Markengrund) die Reste eines römischen Marschlagers erhalten; es war also bekanntes Gebiet. In einigen Teilen sumpfig ist dagegen die untere Senne, wo heute noch kleinere Moorflächen als Naturschutzgebiete ausgewiesen sind (Ramselbruch etc.). Doch hängen diese Kleinmoore nicht zusammen, sondern sie können problemlos über sandige Dünenrücken umgangen werden.

- Delbrück und Rietberg

Bischof Ferdinand v. Fürstenberg versetzte die pontes longi in die Gegend von Delbrück. Dasselbe haben später Schierenberg und nach ihm Deppe gethan. Schierenberg, welcher diese Meinung näher ausführt, denkt sich, Armin habe auf dem sog. Winnefelde gesiegt und die römische Reiterei in die Sümpfe gedrängt. An dem westlichen Fuße des Winnefeldes fingen jene Sümpfe an, „die zwischen Ems und Lippe sich mehrere Meilen fortziehen, in denen sich die pontes longi befanden, die ebenfalls ihren Namen bis auf unsere Zeit gebracht haben, denn sie gaben dem Lande „Delbrück" seinen Namen. Germanicus liefs jetzt den Caecina im Sumpfe stecken und begab sich zu seinen anderen 4 Legionen, um sie nach Amisia an die Emsmündung zurückzuführen, nachdem er Caecina ermahnt hatte, die langen Brücken so schnell wie möglich zu gewinnen."[92] Knoke kritisierte dies schon: „Genauer sollen die pontes longi in der Richtung vom Winnefelde über den Haustenbach bei der Westerholter Mühle nach Lippstadt sich hingezogen haben. Daß indessen die fraglichen Brücken in dieser Gegend sich befunden haben sollten, ist schon deswegen unmöglich, weil es auf der von Schierenberg bezeichneten Linie nicht nur an den nötigen Sümpfen, welche auch nur annähernd der Beschreibung des Tacitus entsprechen würden, sondern auch an den Bergen fehlt, neben welchen der Marsch des dritten Tages hingeführt hat und zu denen sich am Abende desselben die Römer hinaufgearbeitet haben."[93] Dem kann nur zugestimmt werden. Tatsächlich gibt es zwar schmale die Ems

---

[92] SCHIERENBERG 1862: 60.
[93] KNOKE 1887: 243-244.

und die Lippe begleitende Erhebungen, die jedoch weder Berge genannt werden können, noch sonderlich als Erhebungen auffallen. Allenfalls der flache Höhenrücken bei Delbrück stellt eine wahrnehmbare Erhebung dar, einen „Rücken", wovon Delbrück seinen Namen, und nicht von einer Brücke, bekommen hat. Die schmalen flussbegleitenden feuchten Bereiche stellten kein größeres Hindernis dar, dass durch lange Brücken hätte ausgebaut werden müssen. Innerhalb der Flussaue der Lippe lag sogar das Kastell Anreppen.

Diese Aussagen gelten in gleicher Weise für Rietberg. Nach Werneburg trennten sich dort Germanicus und Caecina. „In der Gegend von Liesborn oder zwischen Lippstadt und Hamm dürften daher die langen Brücken zu suchen sein."[94] Es ist reine Fantasie.

- Wiedenbrück

Und das gilt auch für Heinz Ritter. Er ging von einer Lokalität der Varusschlacht im Lipperland aus und vermutete die Pontes longi in Wiedenbrück, „dessen Name zugleich die weiten (= langen) Brücken bedeuten konnten".[95] Dort hätten sich am Fuß der Beckumer Berge „weite Moorflächen hingezogen" und es gäbe ein „Langenbrückentor".[96] Tatsächlich gibt es in Wiedenbrück einen „Langenbrückertorwall", aber weder Moore noch Berge; die ersten Berge liegen bei Stromberg und sind nicht gerade besonders beeindruckend, eher handelt es sich um sanft ansteigende Geländestufen mit Höhendifferenzen meist unter 50 Metern.[97] Die überlieferten Namensformen („Vuitunbruca" 952; „Widetbrugga" 985; „Widenbrukke" 1189; „Widenbrugge" 1198; „Widenbruge" 1201) leiten sich nicht von dem Wort weit, sondern von altsächsisch *wīda ab, was „Brücke, wo Weiden stehen" bedeutet.[98]

---

[94] WERNEBURG 1880: 73.

[95] RITTER 1988: 184; 2008: 184. An anderer Stelle spricht er von „zwischen Haltern und Wiedenbrück" (RITTER 2008: 83) bzw. Delbrück (RITTER 2008: 185).

[96] RITTER 1988: 184.

[97] Siehe bei ALLKÄMPER 1986: 16-19.

[98] KORSMEIER 2013.

Auch andere Autoren, die den Ort der Varusschlacht selbst nach Auffindung Kalkrieses noch immer in Lippe sehen wollen, vermuteten den Standort der Pontes longi bei Wiedenbrück. Schoppe etwa behauptete ihre Lage im „Ems-Lippe-Bruch von Wiedenbrück über Cappel/Lippe"; gesprochen wird von einer „circa 30 Kilometer langen Römerstraße (heutige B55) durch morastiges und von Flüssen durchgenes Gelände"[99]. Doch werden weder nachvollziehbare Begründungen geboten noch Hinweise, wo diese nassen Bereiche denn eigentlich gewesen sein sollen.[100] Mehr als die schmalen Uferbereiche von Ems und Lippe gibt es hier nämlich nicht, Berge ebenso wenig.

- Am Rand der Lippe

Essellen beschreibt, dass von nichtgenannten Autoren auch der Rand der Lippe als Ort der Langen Brücken vermutet wurde.[101] Werneburg vermutete „dieselben zwischen Lippstadt und Hamm."[102] Die Lippe war jedoch seit über 20 Jahren von den Römern mit Kastellen versehen worden, die eine starke und bis zum Jahre 9 durchgängige Truppenpräsenz beweisen. Insoweit wird der Fluss und auch seine nähere Umgebung hinlänglich erschlossen gewesen sein, so dass hier Bohlenwege aus der Zeit des L. Domitius wohl kaum noch relevant gewesen wären. Hier gibt es auch keine Moore, und morastige Stellen am Fluss wären leicht zu umgehen gewesen.

Früh geäußerte Thesen zur Lage der Pontes longi im westlichen Münsterland, etwa an der Lippe bei Cappenberg oder zwischen Darup und Coesfeld durch Hauptmann Flensberg lehnte bereits Friedrich von Müffling ab, da es dort keine Moore gibt.[103] Walter Schlüter hat diese Ansätze wieder aufgegriffen, in dem er behauptete, die Truppen wären „zu den Schiffen des Germanicus im Emshafen bei Wiedenbrück/Langenberg

---

⁹⁹ SCHOPPE et al. 2007: 102.
¹⁰⁰ SCHOPPE 2009: 41.
¹⁰¹ ESSELLEN 1857: 131.
¹⁰² KNOKE 1887: 243.
¹⁰³ MÜFFLING 1834: 52.

(Pontes Longi) am Ems-Übergang des Porta Hellwegs 3" gezogen, wo sich Germanicus dann mit den Schiffen in Sicherheit gebracht habe und von wo er Caecina „durch die Ems-Lippe-Sümpfe nach Süden zurück zum Haarstrang-Hellweg" schickt.[104] Ein Emshafen in Wiedenbrück war aufgrund der Stromschnellen bei Rheine jedoch unmöglich. Man kann es nur als pure Fantasie abtun.

- Wuppertal

Nur als skurril kann auch die Auffassung von Hülsemann angesehen werden, die Langen Brücken hätten zwischen Hagen und Gevelsberg gelegen: „Bei den pontes longi hat es sich daher also wahrscheinlich um die Dammwege durch die Wuppertaler Senke gehandelt." [105]

Insgesamt scheiden also sämtliche Theorien zu den Pontes longi aus, die unter Verortung des Varusschlachtfeldes in Lippe, Standorte in der südlichen oder südöstlichen Westfälischen Bucht bzw. entlang der Lippe annahmen. Sie gehen nicht nur von einer falschen Ausgangslage in Lippe aus, sondern können keine Stelle benennen, wo Moore und Berge aneinandergrenzen. Solch eine naturkundliche Voraussetzung gibt es dort nirgendwo.

---

[104] SCHLÜTER 2017: 91-92.
[105] HÜLSEMANN 2025.

5. Wo trennten sich die Legionen?

In den folgenden Betrachtungen gehen wir nach allem davon aus, dass Kalkriese der Ort der Varusschlacht ist und sich Germanicus im Jahre 15 n. Chr. dort auf dem Schlachtfeld einfand. Wie ging es dann weiter und wo trennten sich die vier Legionen unter Caecina vom Hauptheer?

Die Schilderung bei Tacitus ist unklar hinsichtlich der Frage, wo sich die Truppen von Germanicus und Caecina teilten und jeder seinen eigenen Weg nahm. Verschiedene Wissenschaftler gingen davon aus, dass dies an der Schiffsanlandestelle an der Ems geschah und sich Caecina von dort auf den Landweg in Richtung Niederrhein aufmachte.

Hier stoßen wir auf zwei Probleme. Das erste ist die sehr knappe Beschreibung bei Tacitus über eine militärische Auseinandersetzung der römischen Einheiten mit den Germanen unter Arminius. Angeblich folgte Germanicus den Einheiten des Arminius und man kämpfte auf einem „freien Feld" in der Nähe von „Waldgelände" und „Sumpfgelände", ohne das nähere geographische Angaben gemacht werden. Wir wissen nicht, wie weit entfernt von Kalkriese sich dies Geschehen zutrug. Spekulieren lässt sich nur, dass Arminius wohl aus seinem Stammland an der Weser von Osten gekommen sein muss. Moore und Wälder deuten auf einen Aufmarschweg an der Nordseite des Wiehengebirges, wie ihn auch Varus einst gewählt hatte. Sicher sein, können wir uns diesbezüglich jedoch nicht. Auch lässt sich aus den knappen Ausführungen nicht erschließen, ob die Kämpfe heftig waren oder man sich nach ein paar Scharmützeln ohne Entscheidung trennte, wie es Tacitus unklar äußert. Auf jeden Fall beschloss Germanicus darauf, den Feldzug zu beenden und sich in die Winterquartiere zu begeben.

Gehen wir mangels besseren Wissens mal davon aus, dass diese Gefechte irgendwo an der Nordseite des Wiehengebirges östlich von Kalkriese stattfanden. Die möglichen Wege zurück zur Schiffanlegestelle an der Ems waren begrenzt, denn in der Norddeutschen Tiefebene gab es damals riesige Moorflächen, die man soweit es möglich war, mied. Trockene Wege gab es nur in sehr begrenzter Zahl.

Theodor Mommsen beschrieb zwei „Communicationslinien" der Römer in Nordwestdeutschland, schloss dabei allerdings die damals bereits entdeckten Bohlenwege des Emslandes mit ein: „Die eine geht von der Weser ab bei der Furt von Sebbenhausen unterhalb Nienburg, dann auf dem schon im 8. Jahrh. erwähnten Volksweg an die Hunte bei Büren und von da über die Kloppenburger Geest und den Rücken des Hümling an die Ems bei Landegg."[106] „Die zweite Straße verlässt die Weser bei Minden, geht über Lübbeke, Preussisch Oldendorf, Wittlage nach Bramsche an die Hase, von wo dann die Ems auf verschiedenen Wegen erreicht werden kann."[107]

Den Teil der zweiten Trasse von Kalkriese nach Engter und Bramsche bezeichnete Mommsen als „natürliche Strasse";[108] sie wurde auch in späteren Jahrhunderten immer genutzt. Es sind zwischen Kalkriese und Bramsche eigentlich sogar zwei Trassen, nämlich diejenige von Lutterdamm/Alte Heerstraße über trockene Sandflächen und jene am Hangfuss des Kalkrieser Berges über Engter etwa auf der Linie der heutigen Bundesstraße 218.

Es hat eine gewissen Wahrscheinlichkeit, dass die Verbände des Germanicus als auch die des Caecina dieser natürlichen Straße bis zur Furt bei Bramsche gefolgt sind. Ein Weg von hier zur Ems verläuft über die trockenen Höhen des Gehn, die Ankumer und Bippener Höhen und den südlichen Hümmling. Dabei kann ein Landungsplatz der Flotte bei Landegg nicht ausgeschlossen werden. Für eine nähere Einschätzung müssen hier aber entsprechende archäologische Funde an der Ems abgewartet werden.

Das zweite Problem ist, wo sich die vier Legionen des Caecina von den Truppen des Germanicus getrennt haben. Schon Otto Dahm wies korrekt darauf hin, es komme zur Lokalisierung „in erster Linie darauf an, festzustellen, wo Caecina den Marsch zu den pontes longi antrat".[109] Nach Schetter und Uslar geht aus dem Bericht von Tacitus hervor, dass die Pontes longi „westlich der Ems lagen",[110] was bei Tacitus aber weder steht noch

---

[106] MOMMSEN 1888: 242.
[107] MOMMSEN 1888: 242.
[108] MOMMSEN 1888: 244.
[109] DAHM 1902: 66.
[110] SCHETTER & USLAR 1971: 201.

aus seinem Text geschlossen werden kann. Doch die allermeisten Autoren gingen davon aus, dass diese Trennung erst am Schiffslandeplatz an der Ems stattgefunden habe. Auf diese Schlussfolgerung musste man kommen, wenn man die Sätze des Tacitus als chronologische Aufzählung ansieht: „Dann führte er das Heer an die Amisia zurück und brachte die Legionen zu Schiff, wie er sie hergeführt hatte, wieder zurück. Einen Teil der Reiterei befahl er, entlang der Küste zum Rhein zu marschieren. Caecina, der eine eigene Heeresabteilung führte, erhielt die Weisung, obgleich die Wege, auf denen er den Rückmarsch antreten wollte, bekannt waren, so rasch wie möglich die Langen Brücken hinter sich zu bringen."[111] Die Pontes longi müssten danach also irgendwo westlich der Ems in Richtung Niederrhein gelegen haben. Schauen wir uns die gemachten Vorschläge dazu einmal von Nord nach Südwest näher an:

- Bourtanger Moor

1818 hatte man im Bourtanger Moor zwischen Meerdingen und Kloster Apel einen Bohlenweg entdeckt, dem man sofort einen römischen Ursprung zuschrieb. Miquel schrieb bereits ein Jahr später seinen Aufsatz „Die wieder aufgefundenen Pontes longi des Tacitus".[112] Moritz Friedrich Essellen sah das Bourtanger Moor auf der deutsch-niederländischen Grenze westlich von Dörpen ebenfalls als den Ort der Pontes longi.[113] Er ging dabei davon aus, dass die Trennung des Heeres an der Stelle der Ems erfolgte, wo die Flotte angelandet war und legte die in Bourtanger Moor gefundene Bohlenwege zu Grunde.[114]

Insgesamt sah man Ende des 19. Jahrhunderts die Bohlenwege der nordwestdeutschen Moore noch als römische Bauten an. H. Hartmann schrieb 1876: „Man hat in neuerer Zeit in den Mooren an der Oldenburg-Diepholzschen Grenze Dämme entdeckt, welche diese durchlängen, also nicht im Interesse der Anwohner angelegt sein können, und ganz der

---

[111] TACITUS 1964: 63.
[112] MIQUEL 1819.
[113] ESSELLEN 1857: VII.
[114] ESSELLEN 1857: 131, 137-138.

Construction der pontes longi entsprechen."[115] Auch Theodor Mommsen war dieser Auffassung. Er ging davon aus, dass eine seiner „Communicationslinien" der Römer bis Landegge an der Ems verlaufen wäre, „wo sie am andern Ufer in den Resten der pontes longi sich fortsetzt."[116] Der Raum Landegge ist archäologisch tatsächlich verdächtig für einen römischen Anlandungsplatz für die Flotte. Immerhin fand man 1882 nördlich von Landegge bei Niederlangen einen Schatzfund von 62 Denaren, deren Schlussmünze von Augustus stammt (30/27 v. Chr.).[117]

Gleichwohl ist eine Lage der Langen Brücken im Bourtanger Moor abwegig, da es dort überhaupt keine Berge gibt,[118] was Burchard schon 1870 kritisierte.[119] Auch Flensberg sprach sich gegen eine Lokalisierung der Pontes longi „in den Morästen der Burtange" aus. Da es dort keine Berge gebe „und durchaus kein flaches Feld, welches den Weg durchschneide, und zum einstweiligen Lager und Gefecht geeignet wäre."[120] Im Moor sei „auch nicht Ein Baum zu finden, der zu solch einem Brückenbau zu verwenden sei."[121] Knoke drückte sich ebenso klar aus: „Der Bohlweg im Bourtanger Moore führt nämlich nur von dem festen Boden bei Ter Apel zu der sandigen Fläche bei Valthe, dem sog. Zuidervelde, hinüber. Weder sind aber diese höheren Stellen, welche durch die Moorbrücke verbunden waren, als Berge zu bezeichnen, noch giebt es solche innerhalb des Moores selbst. Tacitus redet aber ausdrücklich von Bergen (montes), zu denen sich schließlich die Römer hinaufarbeiten (enisae legiones) mußten."[122] „Endlich sieht man nicht ein, wie auf dem fraglichen Boden die Möglichkeit gegeben sein soll, durch Ableiten der von den Bergen niederströmenden Gewässer den Bohlweg unter Wasser zu setzen."[123]

---

[115] HARTMANN 1876: 74.

[116] MOMMSEN 1888: 242.

[117] BERGER 1986: 38.

[118] ESSELLEN (1857: 137) versucht diesen Umstand schönzureden, indem er leichte Erhöhungen am Moor nennt, die den Römern ansehnlicher erschienen wären, da sie bewaldet gewesen seien.

[119] BURCHARD 1870: 50.

[120] FLENSBERG 1819: 395 (Beilage 42).

[121] FLENSBERG 1819: 395 (Beilage 42).

[122] KNOKE 1887: 239.

[123] KNOKE 1887: 241.

Dem allen kann heute nur zugestimmt werden. Die Lokalisierung basierte auf der falschen Zuordnung der Bohlenwege als römische Bauten und konnte das Problem nicht lösen, dass es im Bourtanger Moor weder Berge noch Wälder gibt.

- Bentheim

Petrikovits ging ebenfalls von der Lage der Pontes longi westlich der Ems und einer Trennung der Legionen erst an der Emsanlandestelle aus.[124] „Diese führten wohl durch den Südteil der Grafschaft Bentheim oder durch das noch weiter südlich liegende Moorgebiet, das südlich an das Bourtanger Moor anschließt und von niedrigen Höhenzügen begrenzt ist."[125] Eine wirkliche Begründung dafür lieferte er nicht, was ebenso für Otto Dahm zutrifft, der die Langen Brücken etwas südlicher in den Mooren zwischen Emsbüren und Bad Bentheim vermutete.[126]

- Rheine

Nach Loges durchzogen die Langen Brücken „ein umfangreiches Sumpfgebiet im Raum Rheine".[127] Auch dies ist reine Vermutung ohne irgendwelche Argumente oder Indizien. Johannes Norkus behauptete, die Teilung der Legionen sei bei Rheine erfolgt, denn eine vorherige Trennung sei aus „militärischen Gründen" unverständlich.[128]

Kommen wir nun zum Münsterland, wo nur wenige Moore existieren. Sie treten insbesondere im nordwestlichen Teil zur Grenze nach den Niederlanden zwischen Bad Bentheim und Bocholt auf (Gildehauser Venn, Harskamp, Rüenberger Venn, Eper Venn, Graeser Venn, Witte Venn,

---

[124] PETRIKOVITS 1966: 1991 Fn. 28., 180

[125] PETRIKOVITS 1966: 180.

[126] DAHM 1902: 72, 73.

[127] LOGES 1988: 83.

[128] NORKUS 1976: 83.

Lüntener Fischteich, Schwattet Gatt, Burlo-Vardingholter Venn).[129] Es gab für die Römer nie eine Notwendigkeit, diesen Moorgürtel zu durchqueren, da die einzelnen Moorflächen meist recht klein sind, isoliert voneinander liegen und ohne Probleme über trockenes Land umgangen werden können. Dies trifft in gleicher Weise für die wenigen Moorflächen im übrigen Teil der Westfälischen Bucht zu. Am größten waren wohl noch das Emsdettener Venn, das sich zumindest über 100 Hektar erstreckte sowie das Weiße Venn zwischen Reken und Merfeld, das früher wohl das größte Hochmoor in der Westfälischen Bucht war.[130] Kaum relevant dürften dagegen das kleine Boltenmoor in einer Senke der Emsdünen bei Greven (rd. 10 Hektar) sowie des Venner Moor bei Senden sein.[131] Verbunden mit dem Faktum, dass es in der Westfälischen Bucht keine wirklichen Berge gibt, sind auch alle dort für die Pontes longi gemachten Lagevorschläge sehr zweifelhaft:

- Kattenvenne

Manche Autoren fantasierten einfach kaum nachzuvollziehende Gedanken. So schrieb Annette Panhorst, die Langen Brücken wären im „Münsterland" zu finden, es sei „die heutige Bahntrasse Rollbahn", womit wohl die Strecke Osnabrück-Ruhrgebiet gemeint sein soll.[132] In einem anderen Buch nennt sie dann die „Eisenbahnlinie südlich von Kattenvenne".[133] Die Gegend um Kattenvenne ist tatsächlich, wie der Name es schon hergibt, feucht, liegt allerdings schon einige Kilometer vom Osning entfernt und ist leicht zu umgehen. Weder gibt die Autorin irgendeinen Grund dafür an, warum die Pontes longi gerade hier gewesen sein sollen oder die Römer unnötiger Weise die feuchten Bereiche durchquert haben sollten, noch entspricht die Gegend der taciteischen Schilderung.

- Steinfurt

---

[129] WITTIG 2023: 9.
[130] WARNKE & WITTIG 2023a: 120; WITTIG & PAVLOVIC 2023: 201.
[131] WARNKE & WITTIG 2023b: 42; WITTJEN 2023.
[132] PANHORST 2008: 88.
[133] PANHORST 2016: 256.

Bömer geht davon aus, dass die Pontes longi auch einen Handelsweg darstellten und dieser auf der Strecke zwischen Rheine und Haltern zu suchen sei; die Langen Brücken hätten „seinerzeit das Gebiet zwischen Steinfurt und Laer überbrückt".[134] Preiss sieht dies ähnlich und spricht von einer „langgezogenen Talsituation", die „quer im Weg" liege, wenn man „von Haltern über die Baumberge zur mittleren Ems (Rheine) gelangen" wollte.[135] Die Pontes longi hier an der Steinfurter Aa zu vermuten, ist jedoch reine Spekulation und kaum begründbar. Denn es handelt sich um ein gewöhnliches Flüsschen, wie sie im Münsterland vielfach zu finden sind. Die Römer hätten es hier lediglich mit einer gewohnten und üblichen Flussquerung zu tun gehabt. Hier liegt zudem eine Situation vor, die schon der Name des Hauptortes dieser Gegend, Steinfurt, insich birgt. Denn die Steinfurter Aa ist keineswegs unpassierbar, gibt es doch hier gerade diese Furt, die mit ihrem steinernen Untergrund auch immer gut begehbar war. Berge und Moore fehlen.

- Stadtlohn

Rolf Bökemeier behauptete ohne weitere Begründung, dass der Weg Caecinas „von Rheine aus auf der Nordroute durch die Sümpfe von Stadtlohn über das mögliche ehemalige Lager Aliso bei Rhede" geführt habe.[136] Wo dort allerdings Sümpfe und Berge sein sollen, ist nicht zu beantworten. Außerdem liegt Stadtlohn schon so weit westlich im Münsterland und nur einen Tagesmarsch von Vetera entfernt, so dass die Römer in bekanntem Gebiet kaum einen alten Bohlenweg nötig gehabt hätten.

- Baumberge

---

[134] BÖMER 2025.
[135] PREIß 2024: 265-266.
[136] BÖKEMEIER 1996: 76.

Friedrich von Müffing nahm an, dass die Varusschlacht „auf der Ostseite der Egge" geschlagen wurde.[137] Daraus leitete er ab, dass die Pontes longi in der Westfälischen Bucht gelegen haben müssten, wo es nur eine geeignete Stelle gäbe, an der Moor und Berge aneinanderstießen, nämlich „rechts oder nördlich der Ballow, und das eine Meile lange weiße Veen. Links oder südlich, der eine Meile lange Bruch an beiden Ufern der Hallape, fast eine Meile breit, bis Haus Dülmen."[138] Nun gibt es mit dem Weißen Venn westlich von Dülmen tatsächlich ein Moor mit den angrenzenden Heubachwiesen, das jedoch rundherum von trockenem und leicht begehbaren Land umgeben ist und immer schon sehr einfach umgangen werden konnte. Es fehlte hier die Notwendigkeit zur Anlage eines Bohlenweges. Wirklich Berge gibt es dort auch nicht, will man nicht die leichten Erhebungen bei Reken und östlich Haltern als solche bezeichnen. Die eigentlichen Baumberge befinden sich viel weiter nördlich zwischen Horstmar und Schapdetten. Insgesamt passt das von Tacitus beschrieben Landschaftsbild hier gar nicht.

- Gronau/Coesfeld/Borken

Dies gilt ebenso für die Thesen von Johannes Norkus. Er war davon überzeugt, dass die Teilung der Legionen bei Rheine erfolgt sei und sah die Pontes longi im Bereich einer Straße von Raesfeld über Borken und Stadtlohn nach Rheine.[139] Er schrieb: „Trennten die Legionen sich erst an der Ems, müsste die Schlacht an den Langen Brücken irgendwo im heutigen Raum zwischen Gronau, Coesfeld und Borken stattgefunden haben."[140]

Flensberg sah in den Pontes longi „Bohl-Wege" zwischen Coesfeld und Münster, da man bis in seine Zeit im Münsterland Straßen noch mit Holzbohlen befestige.[141] Das Land der Brukterer „mochte in der Ur-

---

137 MÜFFLING 1834: 46.

138 MÜFFLING 1834: 49.

139 NORKUS 1976: 73, 82.

140 BURMEISTER 2015: 22.

141 FLENSBERG 1819: 375 (Beilage 40).

Sprache wohl Bruchland genannt seyn" und sei als von „Brüchen" durchschnitten, die bei Coesfeld auf die Baumberge treffen.[142] Wir sehen, hier sind viele skurrile Dinge miteinander verwoben worden, die keinen Hinweis auf die Pontes longi geben.

- Haltern

Sökeland vermutete 1825 die Pontes longi „in der Nähe von Haltern"[143] bzw. „zwischen Haltern und Olfen oder zwischen den letzteren Ort und Werne", nennt aber keine relevanten Indizien dafür.

All diesen Thesen zur Lage der Pontes longi im Münsterland bzw. westlichen Westfalen ist gemein, dass es sich um einfache Vermutungen handelt, die weder nachvollziehbar begründet werden noch mit der topographischen Situation auch nur annähernd dem Bericht des Tacitus entsprechen. Sie spiegeln fruchtlose Versuche, eine passende Gegend irgendwo zwischen Ems und Niederrhein zu finden, die zumindest den ein oder anderen Strohalm zugrundelegen konnte. Keine dieser Vermutungen bietet aber ein wissenschaftlich begründbares Gerüst, aus dem sich die Lage der Pontes longi ableiten ließe.

Manche Autoren, wollten sich hinsichtlich des Ortes zwar nicht festlegen, sahen aber, wie etwa Gustav Hertzberg, Coesfeld, Dülmen, Borken und das Bourtanger Moor als möglich an, also alles Bereiche westlich der Ems.[144] Für Dreyer waren die Pontes longi ein „befestigter Weg von Xanten zur Ems".[145] Insgesamt sind sämtliche Örtlichkeiten der Annahme geschuldet, dass sich die Truppen erst an der Schiffanlegestelle getrennt hätten. Damit trat das Problem auf, ein Gebiet zu finden, dass zugleich sowohl Moore als auch Berge aufweist, was westlich der Ems unmöglich ist. So wurden kleinste Anhöhen und Feuchtbereiche völlig überbewertet.

---

[142] FLENSBERG 1819: 376 (Beilage 40).
[143] SÖKELAND 1825: 50.
[144] HERTZBERG 1872: 257.
[145] DREYER 2014: 88.

Nach allem kann eine Lokalisierung westlich der Ems sowohl im Emsland als auch in der Westfälischen Bucht ausgeschlossen werden.

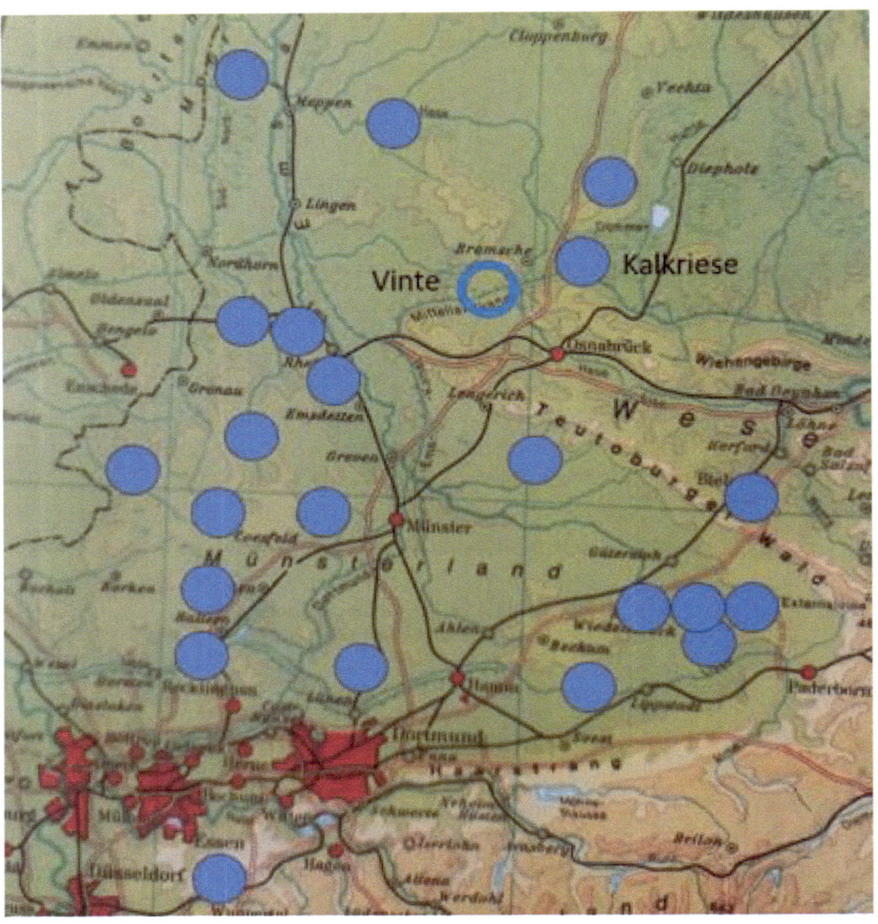

Theorien zur Lage der Pontes longi.[146]

---

[146] Kartengrundlage WESTHOVEN 1977.

6. Trennung an der Hasefurt

Die meisten Autoren gingen aufgrund der chronologischen Lesart der Tacitusstelle davon aus, dass die Pontes longi „nur westlich von der Ems gesucht werden dürfen".[147] Nur wenige Forscher sprachen sich bisher für östlich gelegene Orte aus, wie etwa Wolters, der die Pontes longi „noch östlich der Ems" vermutete.[148]

Tatsächlich lässt sich die Textstelle bei Tacitus auch anders lesen. Und zwar indem man die Wege der drei Truppenteile einfach als Aufzählung nimmt. Tacitus nennt erst die Hauptarmee unter Germanicus, die zur Ems abzieht, dann die Reiterei mit dem Weg durch Friesland und dann als Drittes die Einheiten unter Caecina. Legt man diese Lesart zugrunde, ist der Ort der Trennung völlig offen und kann auch östlich der Ems gelegen haben.

Und das ist sehr wahrscheinlich. Denn es wäre für die Truppen Caecinas ein großer Umweg gewesen, erst nordwestlich bis etwa Landegge zu marschieren, um dann wieder nach Südwesten in Richtung Rhein zu kommen. Es ist somit sehr unwahrscheinlich, dass die Truppen zusammen bis zur Ems bei Landegg zogen und die Schlacht an den Pontes longi dann irgendwo im westlichen Emsland stattgefunden hat. Der eigene Weg Caecinas muss wesentlich früher begonnen haben.

Wäre Caecina erst von der Schiffsanlagestelle zum Rhein marschiert, hätte er die Pontes longi im Übrigen ja auch auf dem Hinweg passieren müssen. Müffling stellte schon 1834 fest: „Beim Vormarsch konnte Cäcina nicht über diese Brücke gekommen seyn, sonst hätte er sie ausbessern müssen, und dann konnte er sie jetzt nicht durch Alter verfallen finden."[149] Auch Burchard wies 1870 darauf hin, dass Caecina nicht den Weg marschierte, den er auf

---

[147] KOEPP 1926: 40. So auch DAHM 1902: 66.
[148] WOLTERS 2008: 131.
[149] MÜFFLING 1834: 48.

dem Hinweg genommen hatte, denn „er konnte doch nicht die langen Brücken durch Alter verfallen finden".[150]

Burchard und Essellen machten eine weitere wichtige Feststellung, nämlich, „dass der hier gemeinte Brückendamm nicht so nahe dem Rheine zu gelegen haben könne, da es keinen Sinn hat, dem Caecina auf einem bekannten Wege die schnelle Passierung der Brücken zu empfehlen, wenn er diese erst nach einem mehrtägigen Marsche zu erreichen im Stande war.[151] Wenn Caecina den Befehl erhielt, „so rasch wie möglich die Langen Brücken hinter sich zu bringen", so lässt sich daraus ersehen, dass diese nicht allzu weit entfernt gewesen sein können. Das schließt alle Lokalisierungen irgendwo im Münsterland ebenfalls aus. Sie müssen in größerer Entfernung vom Rhein gelegen haben.

Hierfür spricht auch, dass die Pontes longi durch Lucius Domitius Ahenobarbus angelegt worden waren. Dieser wurde etwa 50 v. Chr. geboren und heiratete 30 v. Chr. die Tochter von Marcus Antonius, Antonia. Er nahm verschiedenste Ämter wahr (u. a. 22 v. Chr. Ädil, 16 v. Chr. Konsul, 12 v. Chr. Proconsulat in der Provinz Africa, 6 v. Chr. Statthalter der Provinz Illyricum). Im Jahre 3 v. Chr. soll er in Germanien mit einer Armee bis zur Elbe vorgedrungen sein. Dabei oder als Legat des Heeres von Niedergermanien wird dann wohl der Bau der Pontes longi erfolgt sein. Sie hatten also ein Alter von etwa achtzehn Jahren und waren wohl seitdem nicht mehr unterhalten worden, so dass Caecina sie in schadhaftem Zustand vorfand. Auch das spricht für eine größere Entfernung vom Rhein bzw. einen selten benutzten Weg.

Einige Kritiker der Varusschlacht bei Kalkriese gingen davon aus, dass es sich bei Kalkriese um den Ort der Schlacht an den Langen Brücken handelt.[152] Die 1885 aufgrund der bekannten Münzfunde von Veltman vorgebrachte Vermutung, dass die Langen Brücken bei Barenau gelegen hätten, wurde bereits von Knoke kritisiert."[153] Es weist heute archäologisch

---

[150] BURCHARD 1870: 50-51.
[151] BURCHARD 1870: 51.
[152] Siehe u. a. SCHOPPE 2012: 30-31; BÖKEMEIER 2000; FRIEBE 1999.
[153] VELTMAN 1885; KNOKE 1887: 244.

gar nichts darauf hin und die oben genannten Argumente für Kalkriese als Ort der Varusschlacht sind relativ sicher.

Gegen eine Trennung der Truppen weit vom Rhein entfernt, könnte militärisch eingewendet werden, dass dies risikohaft gewesen wäre. Doch immerhin war immer noch eine Truppenmacht von vier Legionen zusammen. Und sie hatte einen erfahrenen Befehlshaber. Aulus Caecina Severus wurde vermutlich Mitter der vierziger Jahre v. Chr. in Volaterrae geboren. In den Jahren 6 und 7 n. Chr. war er Statthalter der Provinz Moesia, etwa 8 bis 13 Proconsul der Provinz Africa. Caecina hatte besonders bei den Kämpfen an der Donau, u. a. im Pannonieraufstand, militärische Erfahrung gewonnen. Daher wurde er im Jahre 14 Legat des Heeres der Provinz Germania inferior. Hier in Germanien hatte er sich bereits im Vorjahr und auch auf dem Frühjahrfeldzug bewährt. Insoweit konnte eigentlich gar nichts passieren, wenn man in die richtige Richtung abzog.

Nach dem Bericht des Tacitus ist nach dem Besuch des Varusschlachtfeldes von keinen größeren Truppenverlegungen auszugehen. Man hatte von Osten her zwar Besuch von den Germanen bekommen, doch diese abgewehrt. Das macht es sehr wahrscheinlich, dass die römischen Truppen insgesamt die ganze Zeit über das größere Umfeld von Kalkriese nicht hinausgekommen sind. Gehen wir einmal davon aus, dass sie von hier aus abzogen. Dann wäre der geeignetste Punkt der Trennung der Heere von Germanicus und Caecina die Furt von Bramsche. Germanicus zog von hier nach Nordwesten ab.

Aber in welche Richtung zog Caecina dann? Der Bestimmungsort ist klar. Caecina befehligte den Rückmarsch der 1., 5., 20. und 21. Legion. Das Winterlager der Legionen I Germanica und XX Valeria victrix war Köln, der Legionen V Alaudae und XXI Rapax Vetera beim heutigen Xanten. Schauen wir uns an, welche Abmarschrichtung er theoretisch genommen haben könnte. Und beachten wir dabei das Vorhandensein zugleich von großen Moorgebiete sowie von Berghöhen im Umfeld. Gehen wir die Möglichkeiten einmal durch:

- Norden

Ein Weiterzug nach Norden kann wohl ausgeschlossen werden, da dies konträr zum Zielpunkt am Rhein gewesen wäre. Man wäre nach abenteuerlichen Moorstrecken irgendwo an der Nordsee angekommen. Das wäre nicht nur widersinnig, sondern auch konträr zum Bericht des Tacitus; in der Norddeutschen Tiefebene lagen zwar riesige Moorgebiete, jedoch fehlen hier Berge (abgesehen vom kleinen Stemweder Berg sowie den Dammer Bergen).

Selbstbewusst schrieb Knoke 1887, das Resultat seiner Nachforschungen sei, „daß in der ganzen Welt nur eine einzige Örtlichkeit den sämtlichen Bedingungen entspricht, welche die Beschreibung des Tacitus an die Lage der pontes longi stellt, und dies ist die Gegend nördlich des Dümmer."[154] Er stütze sich dabei jedoch auf die Funde von Bohlenwegen.

Im 19. Jahrhundert war man von den in den niedersächsischen Mooren beim Torfabbau entdeckten Bohlenwegen fasziniert. Dass sie Bauwerke der germanischen Vorfahren sein könnten, wurde lange Zeit gar nicht in Erwägung gezogen. Man meinte stattdessen, es hier mit der Ingenieurkunst der Römer zu tun zu haben. Knoke schrieb: „Die Anlage des Werkes entspricht vollständig dem, was wir sonst von den römischen Bohlwegen wissen... Daß wir es hier mit einem Werke römischer Technik zu thun haben, kann gar keinem Zweifel unterliegen".[155]

Die zwischen 1816 und 1829 nahe des Dümmers gefundenen Bohlenwege (Lintlage, Lohne, Steinfeld) seien nach Böker diejenigen, „welche als pontes longi bezw. als Fortsetzung derselben angesehen werden können".[156] Er sah in ihnen „unstreitig das Werk eines in dieser Gegend unkundigen Heeres".[157] „Da sie das Werk einer großen Menge sind, so können sie auch nicht von den Bewohnern der anliegenden Gegend gemacht sein... Wir können deshalb diese Bohlwege als die Arbeit eines römischen Heeres ansehen".[158]

---

[154] KNOKE 1887: 244.
[155] BÖCKER 1887: 20.
[156] BÖCKER 1887: 19.
[157] BÖCKER 1887: 21.
[158] BÖCKER 1887: 22.

Danach wären die Truppen also Richtung Norden in die Niedersächsische Ebene gezogen, was dem Ziel des Rheins diametral gegenübersteht. Selbst in modernen Texten heißt es noch: „Wenn man Kalkriese aus der Luft betrachtet, wird einem auffallen, dass es nur einen einzigen Ausweg für die Römer vor Ort gab. Und dieser führte nach Norden in Richtung Ankum oder Damme. Medienberichten zur Folge, ist man mittlerweile mit Ausgrabungen im nördlichen Kalkriese beschäftigt. Sind das also die Spuren der Pontes Longi oder vielleicht doch der Angrivarierwall?"[159]

Mittlerweile wissen wir durch archäologische Untersuchungen, dass die meisten Bohlenwege in den norddeutschen Mooren weit vor der Römerzeit errichtet worden sind. Ein tatsächlich von Römern gebauter Bohlenweg wurde bisher nicht gefunden. Die Pontes longi in der niedersächsischen Ebene östlich der Ems zu suchen, macht auch überhaupt keinen Sinn. Tatsächlich dürfen wir wohl alle Gebiete, die nördlich des Wiehengebirges und zugleich östlich der Ems liegen, als Standorte der Pontes longi ausschließen.

- Osten

Ein Weg nach Osten wäre auf der von Mommsen genannten Trasse in Richtung Minden möglich gewesen, hätte jedoch einen Umweg zum Rhein bedeutet. Zwar lagen hier an der Nordseite des Wiehengebirges Moorbereiche, doch hätten diese nicht gequert werden müssen, da der Weg entlang des trockenen Hangfußes des Gebirges verlief. In Ostwestfalen dann zwischen Wiehengebirge und heutigem Teutoburger Wald fehlen Moore oder Sümpfe ganz. Insgesamt passt die Topographie nicht zur Schilderung der Pontes longi.

Ein anderer Sachverhalt spricht aber noch deutlicher gegen eine östliche Abmarschrichtung. Die Römer hatten unter Varus eine erhebliche Niederlage erlebt, die auch psychologisch arg zu schaffen machte. Am Niederrhein hatte man Angst vor einem Einfall der Germanen in die

---

[159] BORCHARDT 2019.

Gebiete westlich des Rheins. Und sich erneut dem Furor teutonicus östlich des Rheins auszusetzen, vermied man insbesondere.

So dauerte es immerhin fünf Jahre, bis sich erneut römische Legionen ins freie Germanien wagten. Der kleine Feldzug 14 n. Chr. traf wohlüberlegt die dem Rhein am nächsten wohnenden Marser. Er konnte bequem von den am Niederrhein gelegenen Festungen aus geführt werden, ohne dass man tief in das Feindgebiet hinein musste. Im schlimmsten Fall hätte man sich aus dem Gebiet zwischen Ruhr und Lippe innerhalb von zwei oder drei Tagen wieder über den Rhein zurückziehen können.

Der Frühjahrsfeldzug von Germanicus mit vier Legionen gegen die Chatten konnte ebenso relativ gefahrlos von Mainz aus durchgeführt werden. Tiefe Vorstöße ins innere Germanien, gar in das Kerngebiet der Cherusker wurden dringlichst vermieden. Einem größeren Gegenschlag der Germanen kam man auch dadurch zuvor, dass gleichzeitig Caecina mit vier weiteren Legionen nochmals das Land der Marser verwüstete.

Solch vorsichtiges Herantasten unter großem Truppenaufgebot wird auch beim Feldzug gegen die äußersten Brukterer im Sommer 15 n. Chr. noch deutlich. Man zieht wieder von der Rändern, nämlich von den Lagern am Niederrhein durch die Westfälische Bucht (Caecina), durch das Land der Friesen (Pedo) und per Schiff über die Ems (Germanicus) zu einem gemeinsamen Treffpunkt an der Ems und steht dann dort mit sage und schreibe acht Legionen. Das war das gewaltigste Truppenaufgebot, dass die Römer bisher ins freie Germanien geführt hatten. Die Angst muss groß gewesen sein.

Vielleicht war diese gewaltige Heeresmacht auch der Grund, dass sich die Germanen ausser den Gefechten östlich von Kalkriese nicht wirklich auf einen Angriff einließen und man sich trennte, „ohne daß es zu einer Entscheidung kam".[160] Es wäre eine krasse militärische Fehlentscheidung gewesen, nach einer Trennung der Legionen Caecina in Richtung Osten, also in Richtung des Cheruskerlandes und wohl auch der germanischen Kämpfer ziehen zu lassen. Er wäre ringsum von Feindesland umgeben und im Kernland des Widerstandes gewesen.

---

[160] TACITUS 1964: 63.

Insoweit ist ein Abmarsch von Caecina Richtung Osten äußerst unwahrscheinlich. Dementsprechend gibt es kaum Autoren, die dies in Erwägung gezogen haben. Eine Meinung geht allerdings dahin, die Langen Brücken hätten in der Nähe von Salzgitter-Osterlinde gelegen, da sich dort eine Heerstraße befindet (Deiweg), die den Autoren zufolge schon in der Römerzeit genutzt worden sei. Dort habe der Bruch des Asselgrabens (Flothe) mittels der langen Brücken überquert werden müssen.[161] Diese These ist geographisch völlig abwegig; außerdem gibt es hier keine Moore. Kleine Bächlein wie die Flothe mussten die römischen Truppen auf ihren Märschen hundertfach überqueren, sie stellten weder eine besondere Problematik dar, noch bedurfte es der Errichtung aufwändiger Bohlenwege. Ebenso skurril ist die „seltsame Lokalisierung"[162] bei Salzderhelden in der Nähe von Einbeck durch Lindemann.[163] Soweit östlich kann sich im Jahr 15 n. Chr. keine römische Legion vorgewagt haben.

- Süden

Ein Weg nach Süden hätte bedeutet, das Wiehengebirge zu überqueren, um dann durch das Osnabrücker Bergland und über den heutigen Teutoburger Wald das Münsterland zu erreichen. Hier gibt es zwar eine Reihe von Bergen, Moore fehlen jedoch völlig. Selbst die sumpfige Niederung des Hasetals zwischen Bramsche und Osnabrück hat maximal eine Breite um die fünfhundert Meter und wäre für römische Truppen kein Hindernis gewesen. Man hätte entlang des Tals über die trockenen Sandböden des Haler Feldes ziehen können, ohne die Hase überhaupt überschreiten zu müssen. Auch diese Richtung kann daher ausgeschlossen werden.

- Nordwest

Der Weg in Richtung Nordwesten dürfte derjenige sein, den Germanicus gewählt hat, um an den Schiffanlegeplatz an der Ems zu gelangen. Da die

---

[161] ZOCHER-REGEL & REGEL 2025.
[162] SCHETTER & USLAR 1971: 213.
[163] LINDEMANN 1967.

vorgeschlagenen Örtlichkeiten westlich der Ems, wie wir oben gesehen haben, nicht für die Pontes longi in Frage kommen, muss sich Caecina vorher von Germanicus getrennt und einen anderen Weg gewählt haben. Entsprechende Theorien zur Lage der Langen Brücken zwischen Bramsche und der Ems gibt es auch nicht. Mit einer Ausnahme. Paul Höfer sah die Pontes longi bei Herzlake an der Hase, „wo sich noch Reste der Pontes longi finden".[164] Dabei bezieht er sich irrigerweise wieder auf dort entdeckte Bohlenwege früherer Zeit.

Ein Abzug Caecinas in all diese Richtungen kann somit ausgeschlossen werden. Ebenso müssen damit wohl sämtliche bisher vorgeschlagenen Örtlichkeiten für die Pontes longi als unwahrscheinlich betrachtet werden. Hierfür gibt es eine Reihe von Gründen:

- Die allermeisten Autoren schrieben vor der Entdeckung von Kalkriese. Dadurch fehlte ihnen der Ausgangspunkt der Suche. Insbesondere wurden sie von der Annahme einer lippischen Stätte der Varusschlacht fehlgeleitet.

- Die aufgefundenen Bohlenwege in den nordwestdeutschen Mooren waren zeitlich noch nicht eingeordnet. Dadurch hielt man sie irrigerweise für römischen Ursprungs.

- Die vorgeschlagenen Örtlichkeiten entsprangen meist theoretischen Konstruktionen oder reinem Wunschdenken, ohne dass Beweise oder Indizien vorgelegt werden konnten.

- Die topographischen und hydrographischen Voraussetzungen wurden in den allermeisten Fällen nicht berücksichtigt.

---

[164] HÖFER 1885: 29.

- Die Textstelle des Tacitus über die Trennung der Truppen wurde chronologisch ausgelegt. Das führte zur verzweifelten Suche einer Örtlichkeit westlich der Ems, an der sowohl Moore als auch Berge vorkommen. Doch eine solche Örtlichkeit gibt es dort nicht.

Wenn aber alle Fährten falsch waren, was bleibt dann noch an Möglichkeiten?

7. Was bleibt noch an Möglichkeiten?

Wir haben nun nahezu alles als möglich ausgeschlossen, was bisher zur Lage der Pontes longi geschrieben wurde. Weder die Theorien, die sich auf den lippischen Bereich konzentrierten konnten wir bestätigen, noch all die vielen Vorschläge westlich der Ems. Sie bringen uns allesamt nicht weiter. Was können wir überhaupt als Grundlage für eine weitere Suche gelten lassen?

- Zunächst muss es ein Moor oder einen Sumpft geben, durch den die Langen Brücken verliefen. Die schließt sowohl die Westfälische Bucht als auch das Ostwestfälische und Osnabrücker Bergland weitgehend aus. Moore treten nördlich des Wiehengebirges und westlich von Wiehengebirge, Schafbergmassiv und Teutoburger Wald auf.

- Im Umfeld dieses feuchten Gebietes muss es Berge geben. Eine solche Konstellation findet sich lediglich am Nordrand des Wiehengebirges bzw. am äußerst westlichen Rand von Wiehengebirge, Schafbergmassiv und Teutoburger Wald.

- Es muss Bäche geben, deren Wasserführung manipuliert werden konnte.

- Es braucht eine trockene Ebene, auf der sich die Truppen sammeln und ein Lager bauen konnten.

- Die Pontes longi können nicht allzuweit vom Trennungsort der Legionen entfernt sein.

- Es handelt sich um einen schadhaften viele Jahre nicht mehr genutzten Weg, der somit nicht im Hauptaktionsgebiet der Römer vor der Varusniederlage gelegen haben kann.

Gibt es zumindest theoretisch ein Gebiet, auf das all diese Voraussetzungen zutreffen?

Betrachten wir dazu die Westrichtung von Kalkriese aus genauer. Die kürzeste Verbindung zwischen Bramsche und den römischen Lagern am Rhein wäre von der Luftlinie her der Südwesten. Begeben wir uns also einmal auf eine Reise in diese Richtung und schauen wir, was wir dort an topographischen, hydrographischen und vegetationskundlichen Gegebenheiten vorfinden.

Von der Furt in Bramsche aus könnte ein trockener Weg weiter nach Westen etwa entlang der heutigen Trasse der K102 verlaufen sein. Der Weg führt hier zwischen den Bergen des Gehn im Norden und der Penter Egge und Larberger Egge im Süden hindurch. Bis auf Höhe der Larberger Egge und Tömmern ist das Gelände recht eben und trocken, so dass eine schnelle und ungestörte Truppenbewegung hier möglich wäre.

Westlich der Larberger Egge war das Gelände jedoch zunehmend sumpfig mit anstehendem Niedermoor im Neuenkirchener Moor, Teichbruch, Altem Moor, Nierenbruch, Öhrenbruch, den Fledderwiesen, dem Grasmoor sowie den Bereichen um den Nierenbruchgraben, dem Bühnerbach und dem Seester Bruchgraben. Niedermoorgebiete haben oft Grundwasserstände bis zur Bodenhöhe und bestehen aus lehmigen Gleyen, die zusammen mit einer

Vegetation aus „Schilf, Binsen, Seggen, Sauergräsern und Erlen"[165] ein Begehen überaus schwierig machen. In diesem morastigen Gebiet wären Wegebefestigungen aus Bohlen oder anderer Art absolut notwendig gewesen, damit mehrere Legionen es durchqueren können.

Das Gebiet ist völlig eben und heute tiefgründig drainiert. Der ausgebaute und begradigte Bühnerbach ist fast zwei Meter tiefergelegt und dient als Hauptvorfluter, der das Areal effektiv entwässert. Der einmündende Nierenbruchgraben und der Seester Bruchgraben sind kanalartig tief ausgebaut, so dass sie oberflächennahes Wasser effektiv zum Bühnerbach abführen. Der Grundwasserstand ist dadurch erheblich gesunken. Dadurch konnte das Gelände landwirtschaftlich erschlossen werden und heute finden wir hier Wiesen und Äcker.

Ihr einstiges Aussehen hat diese Landschaft nur noch in kleinen Bereichen des Naturschutzgebietes Grasmoor bewahrt. Nasse Bruchwälder, Sümpfe und offene Wasserflächen geben dort Einblick, in die ehemals völlig vernässte Niedermoorlandschaft. Sie entsprechen genau der Schilderung, die Tacitus gegeben hat. Hier war es morastig und die Legionäre hätten sich im Wasser stehend vorarbeiten müssen, hier gab es das grundlose Sumpfgelände, auf dem man nicht fest auftreten konnte und beim Vorwärtsgehen ausglitt. Wenn Tacitus von schwerem Lehmboden spricht, dürfte damit der nasse Gley gemeint gewesen sein, was damals noch nicht unterschieden wurde. Auf jeden Fall ist bei der Schilderung kein Hochmoor gemeint, wie sie in Niedersachsen so häufig waren. Tacitus hat ein Niedermoor beschrieben, wie es hier zwischen Achmer und Vinte großflächig vorkam.

---

[165] THIERMANN 1983: 76.

Die völlig ebene Niedermoorlandschaft des Nierenbruchs wird heute landwirtschaftlich genutzt.

Im Naturschutzgebiet Grasmoor hat sich die einstige große Niedermoorlandschaft in kleinen Bereichen erhalten.

Naturschutzgebiet Grasmoor.

Das Gebiet ist heute durch Entwässerung weitflächig trockengelegt worden.
Der ausgebaute und bis zu zwei Metern vertiefte Bühnerbach

Der eingetiefte Seester Bruchgraben entwässert die Flederwiesen.

Dass die Germanen Bachläufe von Höhen umlenkten, um den Wasserstand in den Niedermoorgebieten zu erhöhen, erscheint unsinnig. Es hätte einen enormen baulichen Aufwand sowie viel Zeit bedeutet, Wasser aus anderen Bachsystemen umzuleiten. Wir kennen solche Maßnahmen aus späterer Zeit aus dem Harz oder von Madeira, wo es Jahrhunderte dauerte, das Gewässersystem effektiv zu verändern. Eine Umleitung kleiner Bäche hätte, egal wo, bei den kleinen Einzugsgebieten auch kaum zu einem schnellen oder bemerkenswerten Anstieg des Wasserspiegels geführt.

Viel einfacher könnte es hier jedoch gewesen sein, den Hauptvorfluter des Gebietes, den Bühnerbach, unterhalb der Einmündung von Seester Bruchgrabens/Nierenbruchgraben aufzustauen, was bei dem geringen Gefälle der Gewässer viel schneller zum Erfolg geführt hätte. In Höhe des Friedhofs Achmer fließt der Bühnerbach durch eine leichte Talsituation; hier hätte man ihn mit ein paar in den Boden gerammten Pfählen, Querhölzern und dazwischengeschütteter Erde schnell und effektiv stauen können. Auf etwa fünf Quadratkilometern weist das Areal von Nierenwiesen, Nierenbruch, Öhrenbruch und Fledderwiesen eine gleichmäßige Höhe von 52,5 m ü. NN auf. Nirgendwo konnte man besser ein Gebiet unter Wasser setzen als hier. Vielleicht beruht die Angabe der Gewässerumleitung bei Tacitus einfach auf Vermutungen der Römer, die einen leicht steigenden Wasserspiegel bemerkten. Ein bißchen Übertreibung im Bericht des Tacitus kann auch nicht ausgeschlossen werden, denn selbst beim Aufstau eines Baches, wo auch immer, hätte eine deutliche Erhöhung des Wasserstandes doch einige Zeit benötigt. Aber auch ohne zusätzliches Wasser wäre das Gelände hier zwischen Achmer und Vinte schon eine besondere Herausforderung für marschierende Heere gewesen.

Nach Durchqueren des früher sumpfigen Gebietes ändert sich das Gelände im Bereich des heutigen Dorfes Vinte. Hier erhebt sich eine leichte Anhöhe des Unteren Muschelkalks über den Grundwasserspiegel des umgebenden Geländes, so dass der Boden trocken wird. Diese Anhöhe wurde wahrscheinlich schon seit früher Zeit agrarisch genutzt. Wir finden hier Eschfluren (Westesch, Südesch), die seit alter Zeit als Plaggenesch genutzt worden sind.[166] Diese Ebene in einer Erstreckung von etwa einem mal drei Kilometern würde zur Beschreibung des Tacitus passen: „Denn in der Mitte

---

[166] DUBBER 1983: 104-105, 113.

zwischen den Bergen und den Sümpfen zog sich eine Ebene hin, die eine Aufstellung in schmaler Front ermöglichte."[167] Die Größe der Vinter Ebene hätte sicher keine größeren Truppenbewegungen erlaubt, aber eine geordnete Aufstellung der vier Legionen war hier möglich. Hier könnte sich das Lager befunden haben, das Tacitus nennt.

Die Vinter Ebene steigt sehr flach aus der Umgebung heraus. Hier Blick von Süden über den Südesch in Richtung Vinte 2025.

Der Begriff Ebene passt sehr gut, denn auch wenn das Gelände bis zu 10 Meter aus dem Umland herausragt, bildet es keinen wirklichen Berg, da die Hänge sehr flach ausgebildet sind. Es gleicht eher einer flachen Linse, die ringsum von tieferen feuchten Bereichen umgeben ist. Man gewinnt von dort auch den Eindruck, fast allseitig von Bergen umgeben zu sein. Nach Norden und Nordosten reicht der Blick bis zu den Höhen des Gehn, im Osten sieht man die Larberger und Penter Egge, im Süden die nahen Erhöhungen

---

[167] TACITUS 1964: 64.

des Rother Berg und des Schachsel sowie dann etwas entfernter im Süden und Südwesten die Anhöhen des Schafbergmassivs. Lediglich direkt nach Westen sind keine Berge erkennbar.

Blick von Vinte zu den Bergen des Gehn 2025.

Westlich der Vinter Ebene befindet sich das Vinter Moor (mit Recker Moor, Espeler Moor, Kölschenmoor, Mettinger Moor, Weißes Moor), ein riesiges Hochmoorareal, das sich einst von Recke im Westen und zusammen mit der Düsterdiecker Niederung als Niederungsmoor bis Westerkappeln im Osten (Grotendiek) erstreckte.

Dass die Römer hier den Eindruck hatten „in der Mitte zwischen den Bergen und den Sümpfen" zu sein, ist völlig verständlich. Auf dem Vinter Ebene kommt es einem tatsächlich wie auf einer Insel vor, umgeben von Sümpfen und Bergen. Von hier war der „fröhliche Gesang" und das „wilde Lärmen der Barbaren" aus den Talmulden und den „widerhallenden Bergwäldern" zu hören.

Strategisch war die Vinter Ebene eine ausgezeichnete Stellung. Hier war es trocken und die erhöhte Lage brachte eine gute Übersicht über die Umgebung. Drei Legionen konnte die Flanken sowie die Rückseite sichern, während die erste Legion hier von relativ sicherer Basis den Weg durch das Vinter Moor vorbereiten bzw. ausbauen konnte. Die Ebene dürfte durch die agrarische Nutzung offen gewesen sein, aber sicher nicht völlig, so dass sich hier gut Bauholz für den Bohlenweg gewinnen ließ. Denn im Vinter Moor war das nicht möglich.

Anders als das Niedermoor östlich Vinte, handelte es sich beim Vinter Moor nämlich um ein kilometerweit baumloses Hochmoor, das nicht vom Grundwasser gespeist wurde, sondern das sich uhrglasförmig aus dem flachen Gelände heraushob und durch Niederschläge gespeist wurde. Torfmoose, Wollgras, Drahtschmiele und verschiedene an Nährstoffarmut angepasste Pflanzen bildeten eine Art riesigen Schwamm, ohne dass irgendwo fester Boden sichtbar gewesen wäre. Einen Eindruck kann man heute noch im Naturschutzgebiet Recker Moor bekommen, wo der Blick vom Rundwanderweg und zwei Beobachtungstürmen über das Moor fast bis zum Horizont reicht.

Insgesamt hat das Vinter Moor in den letzten drei Jahrhunderten einen erheblichen Rückgang erlebt. Durch Abtorfung, Drainage und die Anlage von Moorkolonien (wie Rothertshausen) ist das Gebiet großflächig entwässert worden. In weiten Teilen kamen große dampfmaschinengetriebene Tiefpflüge zum Einsatz, die die Torfschichten und den sandigen Untergrund miteinander vermischten, um so landwirtschaftliche nutzbare Flächen zu gewinnen. Sie werden heute als Wiesen und teilweise als Acker genutzt. Im ganzen Gebiet zwischen dem Gehn und dem Schafbergmassiv ist für die letzten zweihundert Jahre eine deutliche Grundwasserabsenkung festzustellen.[168] Damit senkte sich auch der Moorboden. Das Moor hat allein in 50 Jahren ein Drittel seines Volumens

---

[168] Vgl. THIERMANN 1975: 109.

durch Sackung verloren.[169] Die starke Absenkung lässt sich gut an der durch Rothertshausen führenden Straße (K104) erkennen, die wie ein erhöhter Damm durch die ehemaligen Moorflächen führt.

Das Naturschutzgebiet Recker Moor gibt heute noch einen Eindruck vom einstmal großen Vinter Moor.

Besonders problematisch an der Durchquerung des Vinter Moores dürfte gewesen sein, dass es hier, anders als in den Niedermooren östlich von Vinte, keine Bäume gab. Alles Material zur Befestigung eines Weges durch das Hochmoor musste also mindestens von der Vinter Ebene aus herangeschafft werden. Wir dürfen daher nicht von einem durchgehenden wohlkonstruierten Bohlenweg ausgehen, sondern eher von einem Flickwerk

---

[169] DUBBER 1980 162-163; THIERMANN 1980: 120.

lediglich notdürftig ausgelegter Bohlen an den schwierigsten Stellen, mit dazwischen unbefestigten moorigen Partien.

Die Langen Brücken waren sicher nicht durchgängig als Bohlenweg ausgebaut. Wir müssen uns eher notdürftig befestigte matschige Wegestreifen vorstellen.[170]

Nach Durchquerung des Vinter Moores bieten sich zwei natürliche trockene Trassen für einen Weitermarsch an. Geeignet ist einerseits ein schmaler Streifen aus Fein- und Mittelsanden nördlich der Recker Aa, der über Recke nach Hopsten und von dort nach Dreierwalde und Rheine an die Ems führt.

---

[170] Aufnahme aus dem Recker Moor 2025. Blick vom westlichen Beobachtungsturm am Moorrundweg.

Weg im Recker Moor nahe des Grenzgrabens 2025.

Andererseits dürfte die westliche Umrundung des Schafbergmassivs ab Recke nicht problematisch gewesen sein. Nördlich von Obersteinbeck erstecken sich zwar noch Niedermoorflächen, die auch „Das Moor" genannt werden, doch im näheren Vorfeld der Berghänge treten flächenhaft trockene Flugdecksande und Dünen auf, die optimal begehbar sind. Von den Höhen des Schafberges erreichen die dortigen Bäche i. d. R. die Ebene nicht oberirdisch, da deren Wasser an den unteren Hangflächen im Sand versickert.[171] Insoweit mussten hier auch keine Gewässer gequert werden. Zwischen Hopsten und Hörstel westlich des Schafbergmassives bestehen im Gebiet des Heiligen Feldes eine Reihe von moorigen Bereichen innerhalb zahlreicher Erdfälle (Großes und Kleines Heilige Meer, Erdfallsee, Heideweiher, Herthasee etc.). Diese Erdfälle bildeten sich mit Absenkungsbeträgen um die 50 Meter durch Auslaugung von „Salz-, Gips- und Anhydrit-Einlagerungen in den Schichten des Oberen Juras und Mittleren Muschelkalks".[172] Nach Einbruch dieser Areale waren sie anfangs mit Wasser gefüllt und vermoorten dann im Lauf der Jahrtausende. Ihre Durchmesser erreichen jeweils kaum mehr als 500 Meter, so dass sie leicht zu umgehen und für einen römischen Truppenverband keine Hindernisse waren. Dies gilt auch für das Uffeler Moor, das zwar eine Länge von etwa einen Kilometer in Nordsüdrichtung besitzt, an dessen Westseite sich jedoch ein Streifen trockener Flugdecksande erstreckt, der für eine Bewegung größerer Truppenteile äußerst geeignet wäre.

Der weitere Weg über Hörstel oder Rheine hätte die Westausläufer des heutigen Teutoburger Waldes umgangen, so dass die Legionen auf bekannten Wegen weiter durch das Münsterland an den Rhein gelangen konnten. Größere Moore oder Feuchtgebiete waren nun nicht mehr zu passieren. Überquerungen der dortigen Flüsse, u. a. der Ems, dürften zur gewohnten Praxis der Truppen gehört haben und bedeuteten keine zusätzlichen Gefahren.

---

[171] THIERMANN 1975: 108.
[172] KALTENHERBERG 1975: 159; siehe auch THIERMANN 1975: 110-111.

Lockerer Wald aus Kiefern, Birken und Eichen auf einem Flugdecksandstreifen westlich des Uffeler Moores 2025. So etwa dürfte zur

Römerzeit das westliche Vorland des Schafbergmassivs weitflächig ausgesehen haben.

Alles in allem könnte es sich bei den Feuchtbereichen um die Vinter Ebene tatsächlich um die Pontes longi gehandelt haben:

- Die Trasse lag genau in Luftlinie zu den Lagern am Niederrhein.

- Das Gebiet liegt nicht weit entfernt von der Hasefurt bei Bramsche.

- Es liegt eine topographische Situation vor, die sowohl Berge als auch Moore umfasst.

- Das Gebiet östlich von Vinte ist derart eben, dass ein Anstau des Bühnerbaches eine großflächige Erhöhung des Wasserspiegels in den Niedermoorgebieten zur Folge hätte.

- Die Vinter Ebene bietet eine trockene Ebene, die die Aufstellung von vier Legionen zulassen würde.

- Von der Vinter Ebene sieht man nach nahezu jeder Seite Berge.

- Von dort wären die lärmenden Gesänge der Germanen auf den umgebenden Bergen zu hören.

- Die Vinter Ebene bietet eine ausgezeichnete erhöhte Position zur Anlage eines befestigten Lagers.

- Ein befestigtes Lager ist bei Angriffen von Germanen hier absolut notwendig, um die Angreifer abzuwehren und gleichzeitig in geschützter Position dahinter einen Weg durch das Vinter Moor instand zu setzen.

Archäologische Forschungen fanden auf der Vinter Ebene bisher noch gar nicht statt. Es wird daher angeregt, die Vinter Ebene durch Sondengänger begehen zu lassen. Lag hier ein Lager, so müssen metallene Gerätschaften in den Boden gelangt und durch Pflugarbeiten auch in die heute oberflächennahen Bodenschichten gekommen sein. Da die Ebene mit Eschboden bedeckt ist, könnten sich, bei erfolgreicher Sondenbegehung, darunter auch Spuren eines Lagers erhalten haben, die durch archäologische Grabungen erforscht werden könnten.

7. Ergebnis

Wir können heute mit ziemlicher Sicherheit davon ausgehen, dass mit Kalkriese die Örtlichkeit der Varusschlacht gefunden ist. Dieser Ort passt zu den von Tacitus gemachten Angaben. Auch die Bezeichnung Saltus teutoburgiensis kann hier in Form eines heiligen Platzes im Bereich des Süntelsteins ihren Ursprung haben.

Keine der bisher zur Lokalisierung der Pontes longi vorgelegten Theorien kann als stichhaltig angesehen werden, da die jeweiligen topographischen Gegebenheiten nicht mit den Schilderungen von Tacitus übereinstimmen. Dies gilt sowohl für die vorgeschlagenen Örtlichkeiten im Emsland, als auch für die in der Westfälischen Bucht.

Es gibt bis heute keine Beweise, wo die Langen Brücken tatsächlich gelegen haben. Infrage käme eventuell ein Gebiet südwestlich von Kalkriese, das mit den taciteischen Angaben auffallend gut übereinstimmt. Hier könnten archäologische Forschungen vielleicht Klarheit bringen.

8. Literatur

ABELS, H. (1927): Die Ortsnamen des Emslandes in ihrer sprachgeschichtlichen und kulturgeschichtlichen Bedeutung, Paderborn.

ALLKÄMPER, D. (1986): Die Beckumer Berge, Münster.

BERGER, F. (1986): Römisches Geld – Gefunden in Niedersachsen, Hannover.

BERGER, F. (1993): Das Geld der römischen Soldaten, in SCHLÜTER, W., Kalkriese – Römer im Osnabrücker Land, Bramsche, 211-230.

BERGER, F. (1995): Die römischen Fundmünzen, in: KÜHLBORN, J. S., Germaniam pacavi – Germanien habe ich befriedet, Münster, 164-169.

BERKE, S. (2009): „haud procul" – Die Suche nach der Örtlichkeit der Varusschlacht, in: LANDSCHAFTSVERBAND WESTFALEN-LIPPE, 2000 Jahre Varusschlacht, Mythos, Darmstadt, 133-138.

BÖCKER, F. (1887): Damme als der mutmaßliche Schauplatz der Varusschlacht sowie der Kämpfe bei den „Pontes Longi" im Jahre 16, Köln.

BÖKEMEIER, R. (1996): Varus starb im Teutoburger Wald – Eine Antwort auf Kalkriese, Stadthagen.

BÖKEMEIER, R. (2000): Die Varusschlacht – Der Untergang der römischen Legionen im Teutoburger Wald, Tübingen.

BÖKEMEIER, R. (2004): Römer an Lippe und Weser – Neue Entdeckungen um die Varusschlacht im Teutoburger Wald, Höxter.

BÖMER, A, (2025): Lokalisierung der Varusschlacht durch Cornelius Tacitus, www.clades-variana.com/lokalisierung%20durch%20Tacitus.htm (14.03.2025).

BORCHARDT, P. J. (2019): Pontes Longi – Die langen Brücken 15 n. Chr., www.varuslegionen.de/pontes-longi-schlacht-aulus-caecina-severus/ (14.03.2025).

BOURSEAU, H. (1996): Arminius-Varus-Schlacht – Von der Weser bis… Kalkriese? -Schlachtfeld oder Marsch-Schlacht, Heimatjahrbuch des Osnabrücker Landes 1996, 37-43.

BREMER, E. (2001): Die Nutzung des Wasserweges zur Versorgung der römischen Militärlager an der Lippe, Münster.

BREPOHL, W. (2004): Neue Überlegungen zur Varusschlacht, Münster.

BREPOHL, W.; TEMLITZ, K. (2009): Neue Überlegungen zur Varusschlacht, Westfalen Regional.

BURCHARD, J. (1870): Kritische Beiträge zur neuesten Literatur der Römerzüge im nordwestlichen Deutschland, Bückeburg.

BURMEISTER, S. (2015): Die Örtlichkeit der Varusschlacht – Eine anhaltende Kontroverse, in: BURMEISTER, S.; ROTTMANN, J., Ich Germanicus, Darmstadt, 17-23.

CINCINNIUS, J. (1539): Van der niderlage drijer Legionen, Köln.

CLOSTERMEIER, C. G. (1822): Wo Hermann den Varus schlug, Lemgo.

CLÜVER, P. (1616): Germaniae antiquae libri tres, Leiden.

CLÜVER, P. (1631): Germaniae antiquae libri tres, Leiden.

DAHM, O. (1902): Die Feldzüge des Germanicus in Deutschland, Westdeutsche Zeitschrift für Geschichte und Kunst, Ergänzungsheft XI, Trier.

DEPPE, A. (1881): Der römische Rachekrieg in Deutschland während der Jahre 14-16 n. Chr., Heidelberg.

DIVISION SCHNELLE KRÄFTE G1 DER BUNDESWEHR (o. J.): Trainingshandbuch Bewerber KSK, Calw.

DREYER, B. (2014): Orte der Varuskatastrophe – Der historisch-archäologische Führer, Darmstadt.

DUBBER, H. J. (1980): Böden, in: THIERMANN, A., Geologische Karte von Nordrhein-Westfalen – Erläuterungen zu Blatt 3612 Mettingen, 147-165, Krefeld.

DUBBER, H. J. (1983): Böden, in: THIERMANN, A., Erläuterungen zu Blatt 3613 Westerkappeln der Geologischen Karte von Nordrhein-Westfalen, Krefeld, 103-114.

ESSELEN, M. F. (1857): Das römische Kastell Aliso, der Teutoburger Wald und die Pontes longi. Ein Beitrag zur Geschichte der Kriege zwischen den Römern und Deutschen in der Zeit vom Jahre 12 vor bis zum Frühjahre 16 nach Christus, Hannover.

FLENSBERG, H. A. (1819): Germanicus Feldzug im Lande der Bructerer und Cäcinas lange Brücken, Zeitschrift Hermann, Beilage zu Nr. 40, 42.

FORBIGER, A. (1848): Handbuch der Alten Geographie, aus den Quellen bearbeitet, 3. Bd., Leipzig.

FRIEBE, F. H. R. (1999): ...gesichert von Türmen geschützt vom Schwert.

FÜRSTENBERG, F. v. (1669): Monumenta Paderbornensis, Paderborn.

FÜRSTENBERG, F. v. (1672): Monumenta Paderbornensis, Amsterdam.

FÜRSTENBERG, F. v. (1844): Denkmale des Landes Paderborn (Monumenta Paderbornensis), Paderborn.

GOLDSCHMIDT, A. (1925): Teutoburger Wald mit Osning und Eggegebirge, Berlin.

GRIMM, J.; GRIMM, W. (1816-1818): Deutsche Sagen, 2 Bd., Berlin.

GRUPEN, C. V. (1764): Origines Germaniae. Observatio IV de Clade Variana, Lemgo.

HAGEN, F. H. v. d. (1814): Die Thidrekssaga oder Dietrich von Bern und die Niflungen, Breslau.

HAMELMANN, H. (1582): Opera Genealogico Historica, Lemgo.

HAMELMANN, H. (1711): Opera Genealogico Historica, Lemgo.

HARTMANN, H. (1853): Adreßbuch der Stadt Osnabrück, Osnabrück.

HARTMANN, H. (1876): Wanderungen durch das Wittekinds- oder Wiehengebirge (Westsüntel), Preußisch Oldendorf.

HARTMANN, H. (1899): Der Süntelstein im Vehrter Bruch, Niedersachsen, 4: 216-217.

HERTZBERG, G. (1872): Die Feldzüge der Römer in Deutschland unter den Kaisern Augustus und Tiberius, Halle.

HÖFER, P. (1885): Der Feldzug des Germanicus im Jahre 16 n. Chr., Bernburg.

HOLZ, G. (1894): Beiträge zur deutschen Altertumskunde.

HÜLSEMANN, M. (2025): Anhang C: Die Schlacht an den Pontes longi, https://alisonensis.de/anhang-c-pontes-longi/ (14.03.2025).

JARECKI, H. (1999): Kultsteine und teuflische Sagen aus Vehrte, Heimatjahrbuch des Osnabrücker Landes 1999, 184-189.

KALTENHERBERG, J. (1975): Ingenieurgeologie, in: THIERMANN, A., Geologische Karte von Nordrhein-Westfalen 1:25 000, Blatt 3611 Hopsten, Krefeld, 151-162.

KLEINEBERG, U.; MARX, C.; KNOBLOCH, E.; LELGEMANN, D. (2010): Germania und die Insel Thule – Die Entschlüsselung von Ptolemaios` „Atlas der Oikumene", Darmstadt.

KNOKE, F. (1887): Die Kriegszüge des Germanicus in Deutschland, Berlin.

KOEPP, F. (1926): Die Römer in Deutschland, Bielefeld.

KORSMEIER, C. M. (2013): Zur lautlichen Entwicklung der Namen früher westfälischer Städte, Leipziger Untersuchungen zur Namenforschung, 9: 111-133.

KURTZ, H. (1890): Der Name Teut im Lippischen – Ein Beitrag zur Erforschung des Platzes der Varusschlacht, Düsseldorf.

LAUX, F. (1989): König Surbolds Grab bei Bürger im Hümmling, Nachrichten aus Niedersachsens Urgeschichte, 58: 117-127.

LINDEMANN, K. (1967): Der Hildesheimer Silberfund, Varus und Germanicus, Hildesheim.

LIPPEK, W.; SCHLÜTER, W. (2008): Die Schlacht – Plausible Gründe zur Varuskatastrophe in Ostwestfalen-Lippe, Bielefeld.

LOGES, M. (1988): Siegfried-Armin – Der Befreier Germaniens, Pähl.

MEHLIS, C. (1918): Des Claudius Ptolemaeus „Geographia" und die Rhein-Weserlandschaft, Mitteilungen der Geographischen Gesellschaft in München, 13(1): 55-125.

MIQUEL (1819): Die wieder aufgefundenen Pontes longi des Tacitus, Neuenhaus

MOMMSEN, T. (1888): Die Örtlichkeit der Varusschlacht, Sammelband, 200-246.

MOTZ, U. v. (1953): Siegfried-Armin – Dichtung und Geschichtliche Wirklichkeit, Pähl.

MUCH, R. (1918/19): Teutoburgiensis saltus, Reallexikon der Germanischen Altertumskunde, 4: 314, Straßburg.

MÜFFLING, F. v. (1834): Über die Römerstraßen am rechten Ufer des Nieder-Rheins, Berlin.

MÜLLER VON SONDERMÜHLEN, E. (1888): Spuren der Varusschlacht, Berlin.

NEUBOURG, H. (1887): Die Örtlichkeit der Varusschlacht, Detmold.

NORKUS, J. (1976): Die Feldzüge der Römer in Nordwestdeutschland in den Jahren 9-16 n. Chr., von einem Soldaten gesehen (1963), Hildesheim.

OHLMS, W. G. (2014): War da was mit Varus? – Mal so angedacht!, Geest.

OPPITZ, P. (2006): Das Geheimnis der Varusschlacht, Kelkheim.

PANHORST, A. (2008): Leichenfledderei im Teutoburger Wald – Eine neue Sichtweise der Varusschlacht mit überraschendem Ausgang, Norderstedt.

PANHORST, A. (2016): Wo war Varus? – Geographie und Chronologie der römischen Okkupation in Germanien, Norderstedt.

PETERS, H. G.; SCHLÜTER, W. (1979): Archäologische Denkmäler und Funde im Landkreis Osnabrück, Wegweiser zur Vor- und Frühgeschichte Niedersachsen, 7, Hildesheim.

PETRIKOVITS, H. v. (1966): Arminius, Bonner Jahrbücher, 166: 175–193.

PHILIPPI, F. (1892): Osnabrücker Urkundenbuch, 1: Die Urkunden der Jahre 772-1200, Osnabrück.

PIDERIT, J. (1627): Chronicon comitatus Lippiae, das ist eigentliche und außführliche Beschreibung aller Antiquiteten und Historien der Uhralten Graffschafft Lipp, Rinteln.

PLINIUS, G. (1988): Naturkunde, 3-4, Darmstadt.

PREIß, B. (2024): Die Varusschlacht war nur der Anfang - Die fünf Schlachten des Arminius gegen Rom, Falkensee.

PTOLEMÄUS, C. (1843): Claudii Ptolemaei Geographia, Leipzig, 3 Bd.

RITTER, H. (1988): Der Cherusker – Arminius im Kampf mit der römischen Weltmacht, München.

RITTER, H. (1989): Die Thidrekssaga oder Dietrich von Bern und die Niflungen. St. Goar.

RITTER, H. (2008): Hermann der Cherusker - Die Schlacht im Teutoburger Wald und ihre Folgen für die Weltgeschichte, München.

ROST, A.; WILBERS-ROST, S. (2015): Germanicus am Ort der Varusschlacht – Zwischen historischer Quelle und archäologischem Befund, in: BURMEISTER, S.; ROTTMANN, J., Ich Germanicus, Darmstadt, 43-48.

SCHETTER, W.; USLAR, R. v. (1971): Zu den pontes longi (Tac. Ann. 1,63,3), Gymnasium, 78(3): 201-224.

SCHIERENBERG, G. A. B. (1862): Die Römer im Cheruskerlande nach den unverfälschten Quellen dargestellt, Frankfurt.

SCHIERENBERG, A. (1888): Die Kriege der Römer zwischen Rhein, Weser und Elbe, Frankfurt.

SCHLICHTING, M. (2008): Sagenhafte große Steine, Heimatjahrbuch des Osnabrücker Landes 2008, 39-46.

SCHLÜTER, W. (1979): Kultsteine im Osnabrücker Land, Führer zu vor- und frühgeschichtlichen Denkmälern, 44: 39–40.

SCHLÜTER, W. (2017): Arminius in Flammen – Neuer Forschungsstand zum Streit um römische Besatzung und Befreiungskrieg, Bielefeld.

SCHOPPE, C. M. (2009): Clades Variana, in: SCHOPPE S. G., Varusschlacht, Hamburg, 2: 9-50.

SCHOPPE, C. M., SCHOPPE, S. G., SCHOPPE, S. A. (2007): Varusschlacht – arminius-varusschlacht.de, Norderstedt.

SCHOPPE, S. G. (2012): Alles spricht gegen Kalkriese, Arminiusforschung, 30-32.

SÖKELAND, B. (1825): Über die Straßen der Römer und Franken zwischen der Ems und Lippe, Münster.

SONTHEIMER, W. (1964): Tacitus – Annalen I-VI, Stuttgart.

SPEETZEN, E. (1998): Findlinge in Nordrhein-Westfalen und angrenzenden Gebieten, Krefeld.

STRODTMANN, J. C. (1756): Idioticon Osnabrugense, Leipzig.

SUDENDORF, J. (1853): Der Sündelstein und der Teigtrog und Backofen des Teufels, Mitteilungen des Vereins für Geschichte und Landeskunde von Osnabrück, 3: 393-399.

TACITUS, P. C. (1964): Annalen I-VI, Stuttgart.

THIERMANN, A. (1975): Geologische Karte von Nordrhein-Westfalen 1:25 000, Blatt 3611 Hopsten, Krefeld.

THIERMANN, A. (1980): Geologische Karte von Nordrhein-Westfalen – Erläuterungen zu Blatt 3612 Mettingen, Krefeld.

THIERMANN, A. (1983): Erläuterungen zu Blatt 3613 Westerkappeln der Geologischen Karte von Nordrhein-Westfalen, Krefeld.

UDOLPH, J. (1999): Flur-, Orts- und Gewässernamen im Norden der Gemeinde Belm, Osnabrücker Mitteilunge, 104: 57-89.

VELTMAN, H. (1885): Die Münzfunde in der Umgegend von Barenau und die Örtlichkeit der Varuskatastrophe, Osnabrück.

WÄCHTER, J. (2025): Die frühe Geschichte der Engern in der Thidrekssage, Norderstedt.

WÄCHTER, J. K. (1841): Statistik der im Kgr. Hannover vorhandenen heidnischen Denkmäler, Hannover.

WARNEKE, O. (2017): Die Schlacht war bei Schötmar, sagte Onkel Hermann – ein Erlebnisbericht, Berlin.

WARNKE, K.; WITTIG, R. (2023a): Das NSG Emsdettener Venn – Flora, Vegetation und Schutzeffizienz, in: WITTIG, R., Moore in der Westfälischen Bucht – Flora, Vegetation und botanische Schutzeffizienz von 12 Moor-NSG, Münster, 119-168.

WARNKE, K.; WITTIG, R. (2023b): Das NSG Boltenmoor – Flora, Vegetation und Schutzeffizienz, in: WITTIG, R., Moore in der Westfälischen Bucht – Flora, Vegetation und botanische Schutzeffizienz von 12 Moor-NSG, Münster, 41-74.

WERNEBURG, A. (1880): Die Wohnsitze der Cherusker und die Herkunft der Thüringer, Jahrbuch der Königl. Akademie gemeinnütziger Wissenschaften zu Erfurt, N. F., X, Erfurt.

WESTHOVEN, F. (1977): Nordwestdeutschland, Leipzig.

WILHELM, A. B. (1823): Germanien und seine Bewohner.

WITTIG, R. (2023): Ergebnisse einer nach rund 40 Jahren wiederholten Bestandsaufnahme von Flora und Vegetation ausgewählter Moore der Westfälischen Bucht – Zielsetzung, Lage der Gebiete, Methoden, in: ders., Moore in der Westfälischen Bucht – Flora, Vegetation und botanische Schutzeffizienz von 12 Moor-NSG, Münster, 7-20.

WITTIG, R.; PAVLOVIC, P. (2023): Das NSG Fürstenkuhle – Flora, Vegetation und Schutzeffizienz, in: WITTIG, R., Moore in der Westfälischen Bucht – Flora, Vegetation und botanische Schutzeffizienz von 12 Moor-NSG, Münster, 201-234.

WITTJEN, K. (2023): Das NSG Venner Moor – Flora, Vegetation und Schutzeffizienz, in: WITTIG, R., Moore in der Westfälischen Bucht – Flora, Vegetation und botanische Schutzeffizienz von 12 Moor-NSG, Münster, 371-414.

WOLTERS, R. (2008): Die Schlacht im Teutoburger Wald - Arminius, Varus und das römische Germanien, München.

ZEUß, K. (1837): Die Deutschen und ihre Nachbarstämme.

ZOCHER-REGEL, M.; REGEL, J. (2025): Die Schlachten bei Arbalo, Teutoburgiensis Saltus, Campus Idistaviso und der Hildesheimer Silberfund, www.zocher-regel.de (14.03.2025).

ISBN 978-3743116528

Wie kann es sein, dass ganze Gesellschaften einem Wahn verfallen? Wie kommt es, dass Menschen unisono so skrupellos werden, dass sie ihre Nachbarn als Hexen verbrennen, den politisch Anderen mit der Guillotine köpfen lassen oder ihn selbst mit einer Machete in Stücke hauen? Wie ist es möglich dabei noch zu glauben, richtig zu handeln? Warum kann jede Mitmenschlichkeit verloren gehen? Warum werden die wenigen Menschen, die sich vom Massenwahn nicht anstecken lassen als Staatsfeinde, Volksverräter, Verschwörungstheoretiker, Teufelsanhänger oder Untermenschen denunziert? Wie kann es sein, dass immer wieder in der Geschichte ganze Gesellschaften verrückt werden? Dass sie in einen Massenwahn verfallen. Dr. Jürgen Wächter untersucht die Zeiten des Massenwahns in einem interdisziplinären Ansatz von Geschichtsschreibung, Politikwissenschaft und Psychologie.

450 Seiten   ISBN: 978399131166-9

Das Buch zeigt auf, was Angst eigentlich ist, wie sie in uns wirkt und was sie mit uns macht, sowohl mit uns selbst als auch mit ganzen Gesellschaften.

Wer um die Angst weiß, für den gibt es auch psychologische Methoden, sie zu bewältigen. Solche Methoden werden im Buch vorgestellt und zugleich ein Weg aufgezeigt, wie wir uns zu selbstbewussten, glücklichen, mutigen und angstfreien Menschen entwickeln können. Angstfreie Menschen sind ein Garant für eine demokratische und freie Gesellschaft.

Werden auch Sie ein angstfreier Mensch.

136 Seiten   ISBN: 9783759706577

Das Buch erzählt die Geschichte des Obergefreiten Wilhelm Wächter während des Nationalsozialismus. Es wird deutlich, dass die Schikanen, denen die Deutschen ausgesetzt waren, nicht erst mit dem Kriegsbeginn anfingen, sondern dass schon gleich nach der Machtübernahme eine umfassende Steuerung und totale Einbeziehung in die Maschinerie des Krieges erfolgte.

Wilhelm Wächter hat auf seinem Weg von Frankreich über Litauen, Weißrussland, Russland, Polen, der Slowakei, Rumänien, Tschechien, und Ungarn reiches Fotomaterial erstellt, das uns nahe Einblicke in das Leben der Soldaten und die Schrecken der Zeit bietet. Das Buch zeigt davon 140 ausgewählte Bilder, die bisher unveröffentlicht waren.

Es zeigt uns auch, wie fließend die Übergänge von der Demokratie zum Faschismus sind und wie leicht normale Menschen in den Sog autokratischer Strukturen gezogen werden, aus denen sie sich selbst nicht mehr befreien können.